AF220368

© 2021, Michael Baltus
Herstellung und Verlag:
BoD – Books on Demand, Norderstedt
ISBN: 9783754334911

City of Sports, mein Olymp!

Meine auf den nächsten Seiten verfassten Zeilen, sind von mir so wiedergegeben worden, wie ich die Geschehnisse erlebt, gefühlt und interpretiert habe. Sollte daran irgendetwas nicht so sein, wie ich es verfasst habe, möge es mir verziehen werden. Das Geschriebene sind meine Gedanken und sind teilweise frei erfunden. Der Text muss also nicht immer als wahr genommen werden.

Michael Baltus, geboren 1967 in Gelsenkirchen.

1988 begann im Beauty Body, dass später in City of Sports umbenannt wurde, der Kampf um mehr Muskelmasse. Der Autor berichtet auf den folgenden Seiten über seine Erlebnisse in seinem OLYMP. Weitere Bücher des Autors:

-Kein Bodybuilder, dafür Parkinson

-Kinder im Pott

-Das vergessene Elfenreich

-Der Virus

Mein Olymp

Erzählt wird die Geschichte vom Anfang bis zum heutigen Tag eines Bodybuildings betreibenden Sportlers und seines Fitnessstudios. Der gnadenlose Kampf gegen den eigenen von der Mutter Natur nicht begünstigten Körper. Der Fleiß und die Arbeit bis zur völligen Erschöpfung. Die vielen Qualen, die sich aber zu lohnen begannen. Die erreichten Zwischenergebnisse und die dann immer höher gesteckten Ziele. Aber auch die Rückschläge und die nicht erreichten Wünsche werden hier genauso beschrieben, wie die neu geknüpften Freundschaften und das Hinzugehören zu den Bodybuildern. Diese Sportler sind unter sich und wollen es auch bleiben. Keine andere Sportart verlangt so viel an Arbeit und Willen, wie die des Bodybuilders. Das Leben eines kraftsportverrückten Bodybuilders dreht sich nur um seinen Sport. Essen, trainieren, essen, schlafen wieder essen und noch härter trainieren sind die Attribute in diesem Sport. Der Weg zum Erfolg kostet einem Bodybuilder viel Arbeit, viel

Kraft und noch mehr Willen. Der Schweiß fließt genauso wie der Schmerz. Doch der Spruch, No Pain - No Gain hat gerade in diesem Sport eine wirkliche Bedeutung. Es gibt Zeiten, in denen man aufgeben will, doch genau in dieser Zeit ist es wichtig den inneren Schweinehund zu besiegen und weiter mit sich zu kämpfen. An aufgeben darf nie ein Gedanke verschwendet werden. Denn nach dem harten Training belohnt der Blick in einem der vielen Wandspiegel das Auge des Betrachters. Das Heiligtum eines Bodybuilders ist sein Studio mit den vielen Hanteln, Gewichten und Geräten. Es ist sein Wohnzimmer, seine Heimat oder einfach sein Olymp. Mit Liebe und Begeisterung betritt der Bodybuilder seinen Olymp und benutzt das dort auf ihn wartende Eisen mit Glücksgefühlen. Nichts ist für den Kraftsportler schöner, als den Pump der Muskeln zu spüren, während er die eisernen Hanteln gegen die Schwerkraft nach oben bewegt. Die mittrainierenden Sportkameraden sind Helfer, Trainer, Kollegen und natürlich auch Konkurrenten. Wir in unserem Tempel der göttlichen Körper waren aber auch Freunde oder sogar eine Familie, die Bodybuilder Familie. Jedes Mal, wenn der Körper eine schwere Last gehoben hat und der Muskel bis zur Erschöpfung beansprucht wurde, schüttet das Gehirn solch eine Menge an Glücksgefühlen aus, dass der Bodybuilder die ganze Welt umarmen könnte. Wir mit unseren durchtrainierten Bodys fühlten uns wie von den Göttern auserwählt. Wer waren die Männer und Frauen die diesen Sport nicht betrieben gegen uns? Wir fühlten uns denen überlegen, denn wir hatten uns einen gottähnlichen Körper antrainiert. Wir wurden am Strand bestaunt und die Damenwelt lag uns zu Füßen. Gott was willst du mehr?

Das **City of Sports** in der nördlichen
Ruhrgebietsstadt Marl wird hier in den nächsten
Seiten als mein Olymp beschrieben. Dieses
Fitness- und Lifestyle-Studio ist aus dem
Bodybuilding-Studio der frühen Achtzigern
gewachsen und die Wurzeln dieses Sportes
wuchsen mit langen Trieben in ganz Marl. Das
City of Sports war zu seiner Glanzzeit nicht nur
Sportstätte, sondern auch Treffpunkt unter
Freunden. In den Neunzigern des letzten
Jahrhunderts hatte der Bodybuildingsport seinen
Höhepunkt und viele Marler Mitbürger waren
damals Mitglied in diesem Fitnessclub, dessen
Gründer Rolf Kehren seine geniale Idee, den
sportbegeisterten Menschen einen Fitnesstempel
zur Verfügung zu stellen in die Tat umsetzte.
Hier wurde in den guten alten Zeiten nicht nur
der Fitnesssport betrieben, nein in dieser Stätte
wurden Freunde gefunden, Familien gegründet
und die Gesundheit gefördert. Das City of Sports
hatte eine Seele und die Mitglieder der
damaligen und vielleicht auch heutigen Zeit
werden wissen, was ich mit Seele meine. Über
diese Seele eines Fitnessclubs werde ich in den

nächsten Seiten versuchen zu schreiben. Für mich und viele Sportkameraden wird das Lesen meiner Zeilen ein Rückblick in die eigenen Erinnerungen sein.

Seit über dreißig Jahren betreibe ich diesen wundervollen Sport in meinem Olymp und möchte nun einmal alle meine Bekannten und Freunde mit dieser Lektüre zu einer Zeitreise in die Vergangenheit einladen. Vielleicht erkennt der eine oder andere Sportkamerad sich ja in meinen Erlebnissen wieder, schließt für einen kurzen Augenblick die Augen und genießt einfach das gemeinsam Erlebte. Wir waren damals alle jung und hatten das Leben noch vor uns und zu unserem Leben gehörte die Fitness und die Gesundheit zu fördern. Wir wollten uns mit einem hart antrainierten Körper von der Masse unterscheiden und schafften dies auch. Mit einem guten Gefühl kann ich jetzt zurückblicken und die Zeit meiner Jugend und meinen Träumen noch einmal Revue passieren lassen.

Wie fängt der Autor ein Buch über den Bodybuildingsport an? Vielleicht mit dem wichtigsten Gebrauchsgegenstand eines Kraftsportlers. Es ist die Hantel. Die leichten und schweren Gewichte bestehen meist aus Eisen und warten darauf, durch menschliche Kraft in die Höhe gestemmt zu werden. Aber woher kommt das Eisen überhaupt? Stahl wird aus Eisen in den vielen Hochöfen erzeugt und Stahl ist bis heute der wichtigste metallische Rohstoff für die Herstellung in der Bau und Maschinenindustrie. In den früheren Jahren wurde Stahl für Waffen und Rüstungen benötigt und war zu Zeiten der Antike unerschwinglich teuer. Die Rüstung eines Ritters im Mittelalter hatte damals den gleichen Wert, wie heute ein Einfamilienhaus mit großem Garten. Im sechsten Jahrhundert vor unserer Zeitrechnung fingen die Chinesen an, Eisen aus Meteoriten in Hochöfen zu verarbeiten. Aus Asien fand das Metall dann den Weg nach Europa und wurde später aus Erzen gewonnen. Für den Fitnesssport unabdingbar werden die Hanteln eben aus diesem Erzen hergestellt. Wegen seiner großen Masse ist Eisen, der ideale

Rohstoff für die Herstellung der Gewichte an den Fitnessgeräten und für die freie Hantel. Eisen ist robust und hat den Vorteil nicht zu zerbrechen. Denn nicht immer wird die Hantel beim Training eines Kraftsportlers sanft auf den Boden zurückgelegt. Schauen wir uns die Wettkämpfe der Gewichtheber mal an. Dort fallen die schweren Hanteln meist zu Boden und das Eisen hält diese Beanspruchung ohne zu zerbersten aus.

In meinen weiteren Zeilen werde ich immer wieder über das Eisen schreiben und meine so die Gewichte die es beim Training zu bewegen gilt. Mit diesem Eisen versuchen wir uns also in den Trainingsstätten einen Körper zu erarbeiten, der dem Schönheitsideal entspricht. Doch wie soll so ein idealer Körper aussehen?

Schon zu Zeiten der Römer wurden die gefangenen Nordmänner in den Arenen von dem römischen Volk bestaunt. In Roms Kolosseum, der damals größten Sportstätte der Welt, kämpften die Gladiatoren unter den jubelnden freien Römern, zu deren Belustigung, um ihr Leben. Was machte aber den gefangenen Nordmann von dem eines südländischen Mannes aus? Die Frage war einfach und die Antwort noch einfacher. Die Römer hatten von dem zivilisierten griechischen Volk die Götter übernommen. Diese Götter waren breitschultrig und mit dicken muskelbepackten Armen ausgestattet. Der Brustkorb war gewaltig und der Gott war groß. Jetzt muss man wissen, dass zur Zeit des römischen Imperiums, der Mann im mediterranen Raum etwa 160 cm klein war. Der Krieger aus dem Norden überragte den südländischen Mann locker um eine Kopfgröße. Auch der Korsos des aus dem Norden stammenden Mannes war mächtiger, als der des Römers. Für das gebildete römische Volk hatten diese Nordmänner den Körper ihrer verehrten Götter. Unter tausenden von Zuschauern mussten nun diese gottähnlichen Männer als Gladiatoren dem römischen Volk in den Arenen des Imperiums unvergessliche Momente bescheren. Schon damals war das Schönheitsideal der Menschen ein muskelbepackter Athlet. Tausend Jahre später hielt dieses Ideal von einem Mann noch immer an. Die Wikinger raubten und überfielen die Länder an den Küsten von Nord und Ostsee. Sie waren nicht nur wegen ihrer Brutalität gefürchtet, nein auch wegen ihrer meist mächtigen Körper verbreiteten sie Angst und Schrecken. Ein Arm, der eine Streitaxt bewegen musste, war nur von einem muskulösen Krieger zu führen gewesen. Der Wikinger ist also noch heute in unserer Zeit dem Gedanken nach ein großer muskelbepackter furchteinflößender Krieger.

In der Neuzeit, also jetzt in unserer Zeit haben wir noch immer dieses Idealbild eines Mannes vor Augen. Diese Sportler mit ihren göttlichen Körpern, widmen sich einer Sportart, die den Fitnessboom losgetreten haben. In Kalifornien sah man am Strand von Venice Beach die ersten Bodybuilder trainieren. Steve Reeves aus Montana war damals der erste Bodybuilder, der diesen Sport weltweit publik gemacht hatte. In unendlich vielen Sandalenfilmen spielte er wegen seines Körpers die Hauptrolle und brachte so in den Sechzigern den Bodybuilder auf den Kinoleinwänden rund um den Globus. Joe Weider war es dann, der 1965 den ersten Mr. Olympia-Wettkampf ins Leben rief und somit den modernen Bodybuilding-Boom eröffnete. So begann die Ära eines Sportes der in den Achtzigern und Neunzigern des letzten Jahrhunderts seinen Höhepunkt erreicht hatte. Doch angefangen hat eigentlich alles mit dem 1867 geborenen Friedrich Wilhelm Müller, besser bekannt als Eugene Sandow. Es war im Jahre 1901 als Eugene Sandow in London den ersten modernen Bodybuilding-Wettkampf startete.

Doch Jahre davor fanden Archäologen in den Kammern der 5000 Jahre alten Pyramiden in Ägypten Wandbemalungen, die Männer mit muskulösen Körpern darstellten. Es ist also davon auszugehen, dass damals schon Bodybuilding betrieben worden ist. Aus der griechischen Antike sind heute noch Skulpturen zu sehen, die den perfekten Körper eines Mannes zeigen und diese sind mittlerweile 4000 Jahre alt. Der Griechen Vorbilder waren ihre Götter und diese saßen in ihrem Olymp und wachten über die Menschheit.

Der Olymp ist eigentlich der höchste Berg
Griechenlands. Mit seiner Höhe von 2918
Metern liegt das östlich gelegene Gebirge in
Makedonien. Seine eigene Flora und Fauna
brachten ihn 1938 die Ernennung zum
Naturschutzgebiet und wurde 1981 von der
UNESCO zum Biosphärenreservat erklärt. Seit
2014 wartet der Olymp auf der Tentativliste zur
Ernennung als gemischte Erb- und Kulturstätte in
das Weltkulturerbe der UNESCO aufgenommen
zu werden. Der hohe Felsen oder der bis in den
Himmel nannten die alten Griechen ihn und
gaben dem Berg den Namen Olymp. Das bei
Touristen beliebte Bergmassiv lädt heute in den
Sommermonaten zu Bergtouren ein und ist mit
seinen Tageswanderungen, an denen manchmal
fast 2000 Höhenmeter überwunden werden
müssen, eine anspruchsvolle Bergwanderung.
Aber nicht seine einladenden abenteuerlichen
Wanderungen machten das aus Kalksandstein
bestehende Gebirge so berühmt. In der alten
griechischen Mythologie war der Olymp der Sitz
der Götter. Sein höchster Gipfel, der Mytikas
misst eine Höhe von 2918 Metern. Doch der Sitz
des Göttervaters Zeus, ist der Stefani-Gipfel mit

seinen 2909 Metern. Mit Zeus bewohnten noch 4 seiner Geschwister und 7 seiner Kinder als Götter die verschiedenen Gipfel des Gebirges. Bewohner waren also Zeus als der höchste Gott und neben ihm residierten noch Poseidon, Hera, Demeter, Apollon, Artemis, Athene, Ares, Aphrodite, Hermes, Hephaistos und Hestia im Olymp. Hera hatte eine Sonderstellung im Olymp, denn sie war nicht nur Zeus Schwester, sondern gleichzeitig auch seine Gattin. Zeus herrschte als Göttervater über den Himmel mit Blitz und Donner. Poseidon war Gott der Meere und der Erdbeben. Für die Familie und die Geburten war Hera verantwortlich. Demeter galt als die Fruchtbarkeitsgöttin. Apollon galt als Gott der Poesie, während Artemis für die Jagd und den Mond zuständig war. Athene, die Schöne war für die Weisheit, als Schutzherrin der Helden, der Städte und des Ackerbaus verantwortlich. Ihr Name schmückt noch heute die Hauptstadt Griechenlands. Ares galt als Gott des Krieges und Aphrodite galt als Göttin der Schönheit und Liebe. Hermes hatte die Ressource des Handels und der Reisenden zu beaufsichtigen. Die Vulkane und das Feuer bewachte Hephaistos und Hestia kümmerte sich um die Familieneintracht und das Herdfeuer. Der Olymp war also der Wohnort der Götter. Übermenschlich an Erkenntnis, an Kraft und an Schönheit wurden diese Götter von den Menschen in der Antike angebetet. Dieses Ideal der Götter verfolgt uns bis in die heutige Neuzeit. Noch heute jagen wir diesem Bild aus der griechischen Mythologie nach und versuchen unseren Körper mit dem der Götter gleichzustellen. Dafür betreiben wir in unserer Freizeit die Sportarten, die uns gefallen und die dem aktiven Sportler Kraft, Technik, Gesundheit und Schönheit bescheren. Jetzt ist die Schönheit ja einmal eine reine Geschmackssache eines jeden Einzelnen. Doch die alten Zeichnungen aus der Antike, über das Mittelalter bis zu der Zeit der Industrialisierung zeigten immer wieder das gleiche Bild eines idealen menschlichen Körpers. Der Mann hatte breite Schultern, eine schmale Taille und dicke Oberarme. Die Damen in unserer Gesellschaft versuchen die vorgegebenen Maße von 90-60-90 zu erreichen. Jetzt stellt sich nur noch die Frage, wo und bei welcher Sportart lässt sich für beide Geschlechter dieses Ideal von einem göttlichen Körper am besten erreichen. Diese Frage beantwortete für die Massen dieser Welt ein Mensch aus Thal in Österreich. Arnold Schwarzenegger, siebenfacher Mr. Olympia zeigte in den 1970 igern der Welt den damals perfekten Körper. Bei den Damen war es die Schauspielerin Jane Fonda, die mit ihrem Aerobic Programmen die Frauen auf dem ganzen Planeten mit dieser neuen Sportart begeisterte. In den Hollywood Filmen Anfang der Achtziger waren nur noch muskelbepackte Schauspieler mit göttlichen Körpern zu sehen. Die Menschen wollten plötzlich auch sein wie die Götter oder zumindest wie ihre Idole aus Hollywood und schrien nach Tempeln der Schönheit. Die Nachfragen waren da und die Angebote zogen nach. Anfangs noch in Garagen auf den Hinterhöfen von einer Minderheit betrieben, wuchsen die Fitnessstudios zu einer eigenen Industrie auf. Mit der Schönheit der Leute ließ sich plötzlich sehr viel Geld verdienen und das Angebot für die sportorientierten Menschen wuchs ständig weiter. Einmal im Jahr, meist im

April ist es auf dem Messegelände in Essen und später in Köln so weit. Die internationale Fitness und Bodybuilding Ausstellung öffnet dann ihre Pforten. Kurz genannt, die FIBO lädt alle Fitnesssportler zu sich ein. Dort werden dann die neuesten Trainingsgeräte, Nahrungsergänzungsmittel und Trainingstrends vorgestellt. Mit dabei immer die größten Profi-Bodybuilder der Welt. Mit ihren Bühnenauftritten begeistern sie dann dort das jubelnde Publikum. Jedes Jahr fuhren wir neu motiviert zurück in unsere Heimat und konnten es kaum erwarten die Gewichte wieder in die Höhe zu reißen. Nichts konnte uns damals aufhalten das Fitnessstudio aufzusuchen. Unser Leben spielte sich nur um das Gewichtstraining ab. Alles andere wurde zweitrangig hinten angestellt. Wenn der Muskel sich in der trainingsfreien Zeit zwischen den Einheiten erholte, bereiteten wir uns für die nächste Trainingseinheit vor.

Das Sixpack zu bekommen, davon träumt jeder Mann. Frauenaugen werden größer, wenn sie einen Mann mit Bauchmuskeln sehen. Jetzt wissen die wenigsten, Bauchmuskeln hat jeder, nur sind diese wie nun auch bei mir unter der Fettschicht des Bauches versteckt. Um ein Sixpack zu bekommen, benötigt der Sportler keine besonderen Übungen, er sollte die Bauchmuskeln genauso trainieren wie jeden anderen Muskel auch. Um die Muskeln am Bauch aber für alle und sich selbst erkennbar zu machen, gehört neben dem Training auch die richtige Ernährung dazu. Also lasst es einfach sein, den Bauch jeden Tag mit unzählbaren Wiederholungen zu beanspruchen. Widmet lieber ein Auge auf eure richtige Ernährung und dann klappt es auch mit dem Sixpack.

Einen Fehler beobachtete ich auch schon oft. Manche Neulinge meinen viel hilft viel. Sie suchen anfangs tagtäglich das Studio auf und meinen, wenn sie ihren Muskel jeden Tag trainieren, wächst dieser explosionsartig an. Das Gegenteil ist meistens der Fall. Die Energiepuffer werden dabei verbraucht und nun holt der Körper sich die Energie aus den Muskeln. Der beanspruchte Muskel nimmt dabei an Volumen ab. Das Training sollte immer intensiv mit den nötigen Ruhepausen praktiziert werden. Wichtig dabei ist aber auch, besucht euren Gym auch, wenn ihr mal keine Lust habt. Nur so könnt ihr euren Muskelaufbau kontinuierlich vorantreiben. Zu lange Unterbrechungen werfen euch wieder zurück.

In einem Studio gibt es im Bereich der Schwerathletik das Krafttraining und das Bodybuilding. Während der Sportler beim Krafttraining sein wesentliches Augenmerk auf den Aufbau von Kraft setzt, modelliert der Bodybuilder seinen Körper, um durch Muskelzuwachs besser auszusehen. Natürlich baut der Bodybuilder in der Zeit der Trainingseinheiten auch wesentlich an Kraft auf und dadurch wächst der Muskel mit, doch der reine Kraftsportler ist nicht am Aussehen interessiert, er will einfach nur an reiner Körperkraft gewinnen. Im Kraftdreikampf beobachtete ich, dass dort viele Athleten mit dickem Bauch antraten und sie eine enorme Kraft in den Wettkampf brachten. Beim Training erschöpften diese Sportler ihren Muskel erst wirklich mit den letzten Satz, wobei dieser mit nur einer Wiederholung trainiert wurde. Der

Bodybuilder dagegen setzt auf Wiederholungen in seinen Trainingseinheiten, wobei die Wiederholungszahl zwischen 6 und 15 variiert. Trotzdem gehören die Kraftsportler und der Bodybuilder gemeinsam zu den Sportlern der Schwerathleten und haben beide große Muskeln antrainiert. Der Bodybuilder möchte jeden Muskel seines Körpers an sich sehen, egal wie groß oder klein dieser ist. Der reine Kraftsportler muss seine Muskeln nicht sehen, ihm reicht es, wenn seine Muskeln so da sind, damit er das anvisierte Gewicht von unten nach oben drücken kann. Wenn die Muskeln unter einer Fettschicht liegen, stört es dem reinen an Kraft orientierten Sportler nicht.

Aber es gibt in den Fitnessstudios nicht nur Bodybuilder oder Kraftsportler. Auch gesundheitsbewusste Frauen und Männer besuchen ihr Olymp, um bei Gesundheit und fit zu bleiben oder zu werden. Oft sieht man dann beim Duschen, was diese Sportler unter dem T-Shirt verstecken. Ein durchtrainierter muskulöser Körper ohne die Masse eines Schwerathleten. Egal welche Sportler sich die Tür eines

Fitnessstudios in die Hand geben, schön anzusehen sind sie nach jahrelangen Training alle.

1986 war das Jahr als alles für mich begann. Auch ich, ein Kind des nördlichen Ruhrgebiets wollte sein, wie die Götter aus dem alten Griechenland. Mein Vorbild, der Schauspieler Arnold Schwarzenegger verfolgte mich ständig. Überall sah man ihn. In den Illustrierten lächelte er einen posend an. In den Hollywoodstreifen besiegte er übermächtige Gegner, die eigentlich nicht zu besiegen waren. Seine stählernen Muskeln spielten dabei immer die Hauptrolle. Also wie konnte ich, untergewichtig und überhaupt nicht dem göttlichen Körper nahe, so werden wie das Vorbild von Millionen von Menschen auf diesem Erdball? Götter wohnen und leben nicht nur im Olymp, sondern trainieren dort auch ihre Körper und ihre Gesundheit. Jetzt kann die sporttreibende Masse der Bevölkerung ja nicht alle in den Osten Griechenlands ziehen und dort an ihren Körpern arbeiten. Es musste eine andere Lösung her und die Tempel der Götter, die Fitnessstudios schossen in jeder großen Stadt wie die Pilze im feuchten Herbst aus dem Boden. Jetzt konnte jeder in seinem eigenen Olymp um die Ecke an seinem Körper trainieren.

So war es auch bei mir. In dem Jahr 1986, ich war gerade 19 Jahre alt geworden. Dünn und untergewichtig fühlte ich mich als Mensch zweiter Klasse. Ich beneidete die athletisch aussehende Konkurrenz. Die breitschultrigen Jungen hatten die hübschen Mädchen als Freundinnen und wurden von allen beneidet. Sie waren einfach eine Gruppe für sich. Entweder man gehörte dazu oder nicht. Nur um dazzugehören, musste man auch den Sport wie sie betreiben und was noch wichtiger war, man musste auch annähernd so aussehen wie sie. Ich schaute mit nacktem Oberkörper zu Hause in den Spiegel und erkannte, dass ich nie zu den Göttern gehören würde. Nie werde ich die Schulterklopfer der anderen Jungs meiner Altersklasse einstreichen dürfen. Auch die hübschen Mädchen würden mich ein Leben lang nicht wirklich beachten. Mir wurde schnell klar, um eine Frau wie aus den Hollywoodfilmen zu bekommen, müsste ich viel Geld besitzen oder aussehen wie der Göttervater Zeus. Da ich kein Millionär gewesen bin, blieb mir nur der Versuch meinen Körper so zu verändern, dass er sportlich attraktiv wurde. Also kaufte ich mir eine Trainingsbank mit einer Langhantel und zwei Kurzhanteln. Gewichte bis 80 kg dazu und der erste Trainingstag im Keller meines Elternhauses stand nichts mehr im Wege. Von diesem Sport überhaupt keine Ahnung legte ich einfach mal los. Internet gab es damals noch nicht und so wies mich eine Woche später ein Freund in die richtige Praxis ein. Doch so richtige Erfolge habe ich nicht wirklich erzielt. Zufällig erzählte ich mein Problem mit dem Self-made-Training auf der Arbeit einem Kollegen und so kam es dann, dass mich der sportbegeisterter Arbeitskollege, der eigentlich im Kampfsport beheimatet war, mit ins neu eröffnete Fitnessstudio in der Stadt meiner Arbeitsstelle nahm. In der Ruhrgebietsstadt Marl eröffnete kurz davor ein neuer Olymp des Kraftsports. Beauty Body stand in großen Schriftzügen an der Hauswand und ich ging an einem Novembertag mit wackeligen Knien dort durch den Haupteingang zum Probetraining.

Mein Arbeitskollege wartete dort an der Fitnesstheke schon umgezogen auf mich. Ich also in die Umkleide und meine Sportbekleidung angezogen. Mulmig mit einem leeren Bauchgefühl stieg ich die Treppen zu meinem Kollegen hinauf. Auf der Trainingsfläche fühlte ich mich unwohl und von jedem beobachtet. Mit meinem dünnen Armen durfte ich mit den Gewichten der Frauen trainieren. Ich hatte von den Übungen keine Ahnung und machte einfach nach, was mir mein Kraftsport erfahrener Arbeitskollege zeigte. Nach 2 Stunden intensiven Trainings war die letzte Übung an der Klimmzugstange, die vor der gläsernen Sportstättentür angebracht war. Egal wie sehr ich mich bemühte, ich schaffte nicht einen einzigen Klimmzug mehr. Ziemlich deprimiert beendete ich das Training unter den anderen muskulösen Sportkameraden. Ich sah auch zum ersten Mal ein paar richtige Bodybuilder unter sich trainieren. Man was beneidete ich sie um ihre gut geformten Körper. Ich wusste nun wie der Platz der Götter, der Olymp von innen aussah. Aber schnell lernte ich auch, dass der Weg, solch einen Körper zu bekommen, steinig und schwer werden würde. Nach dem Duschen saß ich nun an einem der vielen Esstische dort. Neben mir mein Arbeitskollege und vor mir eine der attraktiven Trainerinnen mit Namen Patrizia. Sie war es, die mir den Vertrag zur Unterschrift und damit die Eintrittskarte in den Olymp der unfehlbaren Bodys vorlegte. Wieder übernahm das Unwohlsein die Oberhand über mich und zittrig unterschrieb ich die Mitgliedschaft in meinem zukünftigen Tempel der Götter. Mein Olymp lag nun in der Stadt, die ich ein paar Jahre später auch als meine neue Heimat beschreiben durfte. Aber so weit sind wir noch nicht.

Anfangs trainierten wir dreimal in der Woche. Mein Arbeitskollege, neun Jahre älter als ich und erfahren in der Sportart des Bodybuildings, brachte mir jede ihm bekannte Übung zu den einzelnen Muskelgruppen bei. Bei ihm durfte ich auch meinen ersten Proteinshake zu mir nehmen. Nach dem Training fuhren wir gemeinsam zu ihm in seine in Marl angemietete Wohnung und er zelebrierte in seiner kleinen Küche zwei leckere Eiweißgetränke. Ich fühlte mich danach wie Arnold Schwarzenegger, nur das ich nicht so aussah. Die Muskeln brannten und wieder würde der Muskelkater mich am nächsten Morgen wecken.

Der erste Rückschlag ließ nicht lange auf sich warten. 62 kg wog ich zu Beginn meines Trainings und hatte mich gerade an das Training mit meinem Arbeitskollegen als Trainingspartner gewöhnt, als er sich wieder mehr dem Judosport und weniger dem Kraftsport widmete. Jetzt stand ich da. Der aus Gelsenkirchen stammende Junge war nun alleine in dem Fitnessstudio in Marl. Ich kannte dort niemanden und gehörte nicht zu dem Kreis der Auserwählten. Noch immer dünn und schwach und wieder beobachtet gefühlt betrat ich alleine mein Olymp. Der Vertrag hatte noch eine Laufzeit von 20 Monaten und ich musste mich überwinden und selbst motivieren weiterhin dort in der fremden Stadt zu versuchen meinen Körper mit größeren Muskeln zu bepacken. In den ersten Monaten ohne meinen anfeuernden Arbeitskollegen stagnierte ich. Ich baute keine Muskelmasse auf und war innerlich verzweifelt. Immer öfter blieb ich der Trainingsfläche fern oder stand mit dem Motorrad davor und fuhr wieder, ohne trainiert zu haben heim. Das war die erste Phase, die auch die meisten neu angemeldeten Mitglieder dieser Sportart durchlaufen, die ich überwinden musste. Viele schaffen diesen ersten Rückschlag nicht zu verarbeiten und bleiben dem Sport auf Lebenszeit fort. Aus irgendeinem Grunde zog ich mich aber selbst aus diesem Loch und setzte wieder regelmäßiger meinen Fuß in die Trainingsstätte des Marler Vorzeigestudios.

Mein damaliger Schwager in spe, auch ein Kraftsportler aus Gelsenkirchen gab mir dann den entscheidenden Tipp. In Essen gab es einen Verkaufsladen von Nahrungsergänzungsmitteln für Kraftsportler und ich orderte von dort meine ersten beiden Dosen eines Crash Weight Gainers. Mit dem Rucksack auf dem Rücken fuhr ich voller Optimismus mit meiner Honda nach Hause und rührte im Mixer sofort meinen ersten Vanilledrink an. Dieses Kohlenhydrat-Eiweißpulver mischte ich mehrmals am Tag mit

Milch in einem Glas und trank das wohlschmeckende Getränk in der Hoffnung auf schnelleren Erfolg genüsslich aus. Und der erste wirkliche Erfolg stellte sich langsam ein. Aus den 62 kg Körpergewicht wurden nach einem halben Jahr 68 kg. Aus 40 kg Gewicht beim ersten Bankdrücken stellten sich 60 kg ein. Endlich wurden meine Bemühungen belohnt. Jetzt meinte ich zu erkennen welchen Weg ich gehen musste, um meinem Ziel näherzukommen. Ich trainierte jetzt besser und genauer. Stellte meine Essgewohnheiten um und hatte wieder Erfolg. Die Waage zeigte zum ersten Mal die 70 kg an. Ich war immer noch dünn, aber nicht mehr zu dünn. Ich wollte mehr und mein Ehrgeiz wurde durch den selbst erbrachten Erfolg geweckt.

Trotzdem fühlte ich mich unwohl zwischen den ganzen unbekannten Leuten dort. Mein Schwager lud mich zu sich nach Gelsenkirchen ins Studio ein und ich trainierte dort eine Woche mit ihm. Der Studiobetreiber begrüßte mich herzlich und auch die Sportkameraden meines Schwagers hießen mich willkommen. Ich war angetan von der Atmosphäre dort und entschied mich in einem Jahr, nach Ablauf meiner Vertragszeit in Marl das Studio zu wechseln. In der Zwischenzeit besuchte ich einen dreijährigen Fortbildungskurs von der Industrie- und Handelskammer Münster auf dem damaligen Chemiegelände meines Arbeitgebers. Ich hörte meinen Nachbarn zur Linken auf der Schulbank darüber reden, dass er sich als Mitglied in dem Fitnessstudio angemeldet haben soll, in dem ich trainierte und niemanden kannte. Wir kamen also ins Gespräch und fanden heraus, dass wir die gleiche Schichtgruppe in unserem Unternehmen besuchten. Wir verabredeten uns und trainierten ein paar Monate zusammen. Jetzt war mein Fortbildungskollege aber kein wirklicher Kraftsportler. Er war noch dünner als ich, trotzdem trainierten wir viele Einheiten zusammen und kämpften um jedes Kilogramm an Kraft. Ich wusste es damals noch nicht, aber mein neuer Trainingspartner sollte mir die Tür zum Inneren des Olymps öffnen. Meine Waage zeigte mittlerweile stolze 74 kg an. 12 Kg in 2 Jahren zugenommen. Ich hatte Erfolg und war trotzdem kein Bodybuilder. Noch immer viel zu dünn kämpfte ich um jedes Kilo qualitative Muskelmasse. Immerhin drückte ich jetzt 80 kg auf der Flachbank.

Ich weiß nicht mehr genau, wann es war, doch irgendwann war mein Trainingspartner eher auf der Trainingsfläche als ich und als ich dort eintrat, stand er neben einer echten Studiogröße und unterhielt sich locker mit ihm. Ich stand kurz dabei und hörte aus dem Gespräch heraus, dass die beiden sich von früher aus Kindeszeiten kannten. Es sah von Weitem schon etwas komisch aus, mein Kollege dünn und drahtig, wie er war, neben einen solchen muskelbepackten Athleten stehen zu sehen. Ich sah die dicke ausgearbeitete Brust und den dicken Bizeps meines braungebrannten Gegenübers und war begeistert. Jetzt verabredeten sich die beiden zum Fußball spielen mit noch anderen früheren Kameraden meines Fortbildungskollegen auf dem Affenkäfig in Brassert. Eingegitterte Fußballplätze wurden damals auch Affenkäfige genannt. Brassert ist ein Stadtteil von Marl und von mir aus dem Norden Gelsenkirchens mit dem Auto nur zehn Minuten entfernt. Ich, der vorher still und schweigend neben den Gesprächspartnern gestanden hat, nahm all meinen Mut zusammen und richtete die ersten Worte an diesem unbekannten wirklichen Bodybuilder. Ich fragte, ob ich als ehemaliger Jugendfußballer eines Gelsenkirchener Vorzeigevereins mich am Sonntagnachmittag dort anschließen dürfte. Zu meiner Überraschung schlug keiner der beiden meinen Wunsch aus und ich sollte am nächsten Sonntag der neue noch unbekannte Mitspieler werden. Wir stellten uns nach dem Gespräch noch vor und schüttelten uns die Hände. So lernte ich den ersten wirklichen Bodybuilder des Studios kennen. Es dauerte fast zwei Jahre, bis ich den ersten richtigen Kontakt erreicht hatte. Ich benenne diesen Bodybuilder als Andreas, denn Andreas kommt ab nun öfter in meiner Erzählung vor.

Wir hatten an diesem Sonntag sehr viel Spaß beim Pölen und am Montagmorgen noch sehr viel mehr Muskelkater in den Beinen. Doch so lernte ich Andy kennen und durfte viele Sonntage mit den neu kennengelernten Kameraden auf dem Bolzplatz meine freie Zeit verbringen. Jetzt begrüßte mich Andy auch jedes

Mal auf der Trainingsstätte des Fitnessstudios und so kam es, dass der eine oder andere von Andreas Trainingspartnern auch mir die Hand gaben und einige Worte mit mir sprachen. Endlich wurde ich in den Kreisen der wirklichen Athleten in meinem selbstgewählten Olymp aufgenommen. Ich gehörte zwar wegen meiner Figur noch immer nicht richtig dazu, doch ich war auch nicht mehr alleine.

Mittlerweile trainierte ich wieder alleine und ein anderer vorher in Recklinghausen trainierender Arbeitskollege meldete sich in unserem Marler Studio an. Da wir unsere Arbeit auf der gleichen Schicht, im selben Betrieb verrichteten, war die logische Konsequenz, dass wir zusammen unserer Leidenschaft des Bodybuildingsports nachgehen wollten. So bekam ich wieder einen neuen Trainingspartner, den ich mit I beschreibe. I war kleiner als ich, hatte aber das gleiche Körpergewicht und sah so etwas athletischer als ich aus. Seine Schultern wirkten breiter und der Rücken wies eher ein V aus als meiner. Von der Kraft waren wir ebenbürtig und so war I damals der ideale Trainingspartner für mich. Wir motivierten uns gegenseitig und brachen einen persönlichen Rekord nach dem anderen. Ich legte nochmals 4 kg an Körpergewicht auf und kratzte nun an die 100 kg beim Flachbankdrücken. 100 kg beim Bankdrücken ist so eine magische Grenzöffnung gewesen. Bei diesem Gewicht sollte einem die Tür zu den Bodybuildern offenstehen. Mit 78 kg verglich mich der erste von den ganzen Bodybuildern dort mit dem

Schauspieler Jean Claude van Damme. Auch Andy fiel mein Trainingserfolg auf und er schlug mich zum Ritter, als er meinen Bizeps lobend vor den anderen erwähnte. Den Vertrag ließ ich weiterlaufen. Keinen Gedanken verlor ich mehr an einem Studiowechsel. Ich hatte Spaß und Erfolg dazu. Mich hatte nicht nur der Ehrgeiz gepackt, sondern wurde ich auch von der Bodybuildingszene infiziert.

Mit meinem neuen Motorrad, einen Chopper aus Japan cruiste ich oft zum Training. Dort arbeitete ein kleines nettes Mädchen. Sie war blond mit vielen Sommersprossen und immer, wenn ich nach dem Training etwas an der Theke trank, kam sie aus ihrem Büro und hatte dort zu tun. Sie lächelte und ich lächelte zurück. Wir kamen ins Gespräch und lernten uns oberflächlich kennen. Nach einigen Wochen und mehreren Trainingseinheiten trafen wir uns nach dem Training immer öfter. Bis eine der anderen Angestellten mich fragte, ob ich nicht erkennen würde, was los sei. Naiv wie ich war, verneinte ich und sie gab mir den Wink mit dem Zaunpfahl. Ich überwand meine Schüchternheit und fragte sie nach einer Fahrt mit meinem Bike.

So lernte ich die erste Frau aus dem Marler Studio kennen.

Ich hatte weiterhin Erfolge. Eines Abends stellte ich mich auf die Waage und die Acht stand als erste Zahl dar. Abends wiegt man immer etwas mehr als morgens. Trotzdem stand die magische Acht dort und leuchtete mich mit ihrem roten digitalen Schriftzug an. Ich konnte es kaum glauben. Ich hatte ein für mich vor vier Jahren für unmöglich gehaltenes Ziel erreicht. 80 Kilogramm zu wiegen mag für viele nichts von Bedeutung sein, doch für mich war es wie eine Befreiung. Für einen Marathonläufer ist die Ankunft in 42,195 Kilometern Entfernung auch ein weites Ziel, doch beginnt jeder Marathonlauf auch wie bei mir mit dem ersten Meter. Mein erster Meter waren das Anfangsgewicht von 62 kg und nun hatte ich 18 kg an Muskelmasse zugenommen und war stolz auf das erreichte. Übrigens die Marathonstrecke von 42,195 Kilometern ist nicht der Weg von der alten griechischen Stadt Marathon nach Athen, sondern stammt aus den Olympischen Spielen von 1908 und der Strecke von Schloss Windsor bis ins damalige Olympiastadion. Doch mein Ehrgeiz wurde durch das erreichte Ziel nicht gestoppt, nein, er wurde jetzt erst recht angeheizt. Wenn ich schon dieses für mich utopisch gehaltene Ziel erreichen konnte, dann würde es mir auch gelingen ein noch unerreichbareres Ziel anzuvisieren. Ich schwor mir, nie wieder sollte die Waage ein Körpergewicht von weniger als 80 Kilogramm anzeigen und nahm mir vor, die utopischen 90 Kilogramm Körpergewicht anzugreifen. Mit 90 Kilogramm gehörte man dann automatisch zu dem geheimen Club der Bodybuilder. Auch dieses Ziel hatte ich durch viel Einsatz, noch mehr Qualen und hartes Training irgendwann einmal erreicht und war so an meinem Zenit angekommen. Das es im Leben nicht nur bergauf geht, wusste ich zu diesem Zeitpunkt noch nicht oder besser gesagt, ich beschäftigte mich einfach mit dem Weg bergab nicht. Doch früher oder später holt das Leben einen ein und hält die Hand auf. Auch ich sollte noch bezahlen und viele Male dem Berg wieder hinab gehen. Doch erst einmal genoss ich das Leben und wanderte weiter dem Himmel mit seinem Olymp entgegen.

So wie meine Muskelmasse wuchs, vergrößerte sich das Fitnessstudio auch. Der Besitzer baute an und die Sportstätte verwandelte sich in einem Edelfitnesstempel. Ich spielte noch immer Sonntagsnachmittag mit Andy und seinen Freunden Fußball. Doch wenn Erwachsene auf einem Bolzplatz für Kinder gegen den Ball treten, kommt irgendwann einmal der Moment, an dem sich ein Anlieger beschwert. Das Ordnungsamt verbot uns dann die weitere Freude den Affenkäfig sonntags zu benutzen. Andy und ich steckten die Köpfe zusammen und wollten unsere zweite Leidenschaft nicht einfach so verlieren. Die Idee eine Fußballmannschaft im Fitnessstudio zu gründen kam auf und so hängten wir einen Zettel dort ans schwarze Brett, auf dem wir die Gründung einer Fußballmannschaft den anderen Fitnesssportlern mitteilten. Zwei Wochen später saßen etwa 20 Bodybuilder zusammen und organisierten den Einstieg in die Marler Fußballhobbyliga. So lernte ich viele neue Bekannte aus Marl kennen. Durch die Hobbymannschaft erhielt ich nun endgültig den Schlüssel zum Tor des Olymps der Bodybuilder.

Ich durfte ab nun zu ihnen gehören. Der Studioeigner Rolf Kehren, fand die Idee eine Fußballmannschaft in seinem Studio zu gründen toll und stiftete sofort einen Satz Trikots in den damaligen Studiofarben. Der Restaurantbetreiber neben an spendete die benötigten Trainingsanzüge und die Hobbymannschaft City of Sports Kicker war gegründet.

Jemand der nicht zu der Hobbymannschaft gehörte, trotzdem aber ein guter Bodybuilder war, arbeitete im gleichen Unternehmen im Nachbarbetrieb meines Arbeitsplatzes und kam gelegentlich in seinen Pausen zum Quatschen zu uns herüber. Ich lernte Roland so kennen und er fragte mich öfter nach meinem Training und meinem Fortschritt. Ich erzählte ihm voller Stolz von meinem Erfolgen und war froh einen solchen Sportler kennenlernen zu dürfen. Roland war 12 Jahre älter als ich und damals Ende dreißig. Ein erfahrender Bodybuilder aus den Siebzigern und ich war über jeden Tipp von ihm dankbar. Wenn er mich abends im Studio sah, begrüßte er mich immer und ich lernte so auch seine beiden Trainingspartner kennen. Die Drei gehörten zu den Bodybuildern, die von Anfang an in Marl dabei gewesen sind. Schon auf der Bachstraße hoben sie die Eisen in die Höhe, die Rolf Kehren ihnen zur Verfügung stellte. Einer der Dreien trainiert heute noch 3x wöchentlich im City of Sports und das mit 75 Jahren.

Rolf Kehren stellte nicht nur die Räumlichkeiten und sein eigen hergestelltes Equipment den

Muskel begeisterten Sportlern zur Verfügung, nein er kümmerte sich um seine Mitglieder persönlich. Es war nun mal eine große Familie den denselben Geist lebte und in der Familie wird sich um jeden gekümmert. So auch im ersten Olymp auf der Bachstraße in Marl. Rolf Kehren erarbeitete für jeden, der in fragte, einen individuellen Trainingsplan aus. Dieser wurde dann immer wieder nach dem Fortschritt des Mitglieds angepasst. Und die trainingseifrigen Sportler machten mit seiner Unterstützung riesige Fortschritte.

So auch R, der später zu einer der wichtigsten Personen in meinem Leben werden sollte.

Von ihm habe ich die erlebten Geschichten, wie die Bodybuildingszene in Marl aus den Startlöchern kam.

Rolf Kehren war zu dieser Zeit der Wegbereiter und unterstützte mit Freude seine Jungs in seinem Olymp.

Es war in den Anfang der 90er, als der Fitnessboom auch Marl fest im Griff hatte. Jeder der etwas für seine Figur und/oder für seine physische Gesundheit tun wollte, war plötzlich Mitglied in meinem Olymp. Das City of Sports schien an manchen Tagen nachmittags aus den Nähten zu platzen. Der Kraftraum war genauso überfüllt, wie die anderen Trainingsräume des Studios. Es gab Tage, an denen bekam man in der unmittelbaren Nähe des Gyms keinen freien Parkplatz mehr. Der schlimmste Tag war damals der Montag. Kaum einen Parkplatz und in der Umkleidekabine gaben die Mitglieder sich die Spinde in die Hand. Oft genug wartete ich auf einen frei werdenden Spind. Auf der Trainingsfläche dann das gleiche Bild. Der Standardspruch hieß zu dieser Zeit. „Wie lange brauchst du noch?" Fast jedes Gerät oder jede Bank war mit anderen Sportkameraden belegt. Viele Marler Bürger und auch aus der näheren Umgebung wollten an diesem Boom teilhaben. Das Geschäft lief gut und der Studiobesitzer Rolf Kehren konnte mal wieder eine weitere Vision aus seinem Kopf in die Tat umsetzen. Ein Umbau der Trainingsflächen folgte kurze Zeit später.

Auf der Arbeit bauten I und ich uns aus alten Rohrleitungen und Kontergewichten unsere Hanteln und trainierten im Keller in unseren Pausen heimlich. Dazu studierten wir die Bibel. So nannten wir das große Bodybuildingbuch unseres Vorbildes Arnold Schwarzenegger. Dieses Buch, unsere heilige Schrift, war von sich aus schon so groß und schwer, dass wir damit gut unseren Bizeps trainieren hätten können. Mit aufgepumpter Brust gingen wir danach wieder unserer Arbeit nach und fühlten uns großartig. Nur im Unterhemd stehend ließen wir uns von den anderen Mitarbeitern dann wegen unserer aufgepumpten Oberkörper bestaunen und genossen deren Lob. Ich weiß mein Körpergewicht nicht mehr, aber am Ende unserer gemeinsamen Trainingszeit drückte ich 120 kg auf der Flachbank. Wieder ein Erfolg der mich neue Ziele stecken ließ.

Doch es gab nicht nur lobende Worte. Einer unserer älteren Arbeitskollegen, aus einem Dorf aus dem Kreis Borken, selbst sehr konservativ hatte wie viele andere Menschen auch Vorurteile gegen den kraftsporttreibenden Bodybuilder. Er ließ sich mal in meiner Gegenwart zu seiner persönlichen Meinung hinreißen und ich dachte mich verhört zu haben. Leider traf er mit seiner Aussage den Gedanken vieler Nichtmitglieder eines Fitnessstudios. Gewichte heben würden nur Idioten, war sein schneller Kommentar bei einer der vielen Unterhaltungen von I und mir. Wie kann ein Mensch, der noch nie ein Fitnessstudio von innen gesehen hat, solch eine Meinung haben und dann noch verbreiten? Ich schaute ihn ernst an und fragte ihn, ob er wirklich diese gerade ausgesprochene Meinung vertreten würde. Er nickte und sagte noch zu mir, dass intelligente Männer, die etwas im Kopf hätten, es nicht nötig haben sich einen Berg an Muskeln anzutrainieren. Jetzt sollte man aber auch wissen, dass er sich für schlau und intelligent hielt. Sein Vorgesetzter aber war ich und das nur, weil ich die Schulbank länger als er besucht und mich fortgebildet habe. Das sagt jetzt schon mal etwas über unsere Intelligenzdifferenz aus. Als ich ihm dann noch erzählte, wie viele studierte Sportler sich die Tür unseres Olymps in die Hand gaben, dass der kluge Mensch sich eben auch aus gesundheitlichen Gründen in einem Studio fit hält und das der Nichtsportler, wie er eigentlich der Dumme wäre, bekam er seinen Mund nicht mehr zu. Den Rest unserer einseitig geführten Diskussion war dann der, als ich ihm daraufhin aufmerksam gemacht habe, dass seine beiden Töchter sich nach genau diesen Typ von Mann umschauen würden. Nie wieder haben er und ich über meinen Sport ein Wort verloren.

Florida im März 1995. South Beach Miami, Collins Avenue. Das Künstlerviertel zwischen der 5. und 15. Straße zieht alle Menschen an, die sehen oder gesehen werden wollen. Mein Kumpel Krümmel, 2 dort kennengelernte Urlaubsbekannte und ich spazierten dort auf der Strandpromenade und mischten uns unter den sporttreibenden Amerikanern. Und dort wurden wir unter all den Anderen gesehen. Aber eins nach dem anderen. Zuerst hing ich mich am Strand an eine der Klimmzugstangen und trainierte unter den Augen vieler umherschauenden Touristen meinen Rücken. Ich war also gerade in meinem Element und spürte den aufkommenden Pump. Noch ein paar Dips für den Trizeps und nach einigen Sätzen Sit-ups war meine Trainingssucht für den Moment gestillt. Kurz danach saßen wir an einem Tisch der vielen Restaurants auf der anderen Straßenseite. Wir hatten gerade unseren Hunger gestillt, als sich ein deutsch sprechender Mann bei uns vorstellte. Dieser Typ hatte mich bei meinen Klimmzugaktivitäten beobachtet und war von meinem durchtrainierten Körper begeistert.

Im Auftrag des größten deutschen Privatsenders wollte er mich für seine Reportage über den männlichen Wonderbra gewinnen. Ich dachte, der Fremde machte Witze und lachte mich halb tot. Er ließ aber nicht locker und versuchte mich weiter zu überreden diesen Ulk mitzumachen. Um ihn nicht alleine vor dem Kopf zu stoßen, versuchte ich die peinliche Verantwortung an meinen Kumpel Krümmel abzugeben. Ich spielte den Ball also ab und sagte, wenn mein Freund mitmacht, wäre ich bereit. Natürlich hatte ich gedacht, er zeigt mir den Vogel und und schickt den Fremden wieder fort. Doch da hatte ich wohl die Rechnung ohne den Schneider gemacht, denn mein Kumpel ließ sich darauf ein. Mit gehangen, mit gefangen. Der Kameramann nahm uns dann auf und eine Woche später gingen zwei Videokassetten im Studio von einer Hand in die Andere und jeder lachte sich über mich als Hauptdarsteller fast kaputt. Mit nackten Oberkörper liefen wir die Collins Avenue entlang und alle Besucher dort machten uns platz. Der Wonderbra für Herren fühlte sich unter der Jeans wie eine Windel an und war unangenehm zu tragen. Na ja, zumindest hatte ich nach meiner

Ankunft aus dem Urlaub die Lacher auf meiner Seite. Hätte ich nicht in meinem Olymp so hart trainiert, wäre ich dem Reporter am Strand gar nicht aufgefallen und nie im Fernsehen zu sehen gewesen.

Das Training machte Spaß, wurde zur täglichen Sucht und zum absoluten Lebensinhalt. Ich konnte mir ein Leben ohne diesen Sport nicht mehr vorstellen. Nie mehr wollte ich eine Figur haben, wie die, der meisten Männern. Nie wieder dünn sein oder noch schlimmer, wie viele andere einen dicken Bauch besitzen. Ich liebte diesen Sport und sah das Fitnessstudio, indem ich trainierte, als mein persönliches Wohnzimmer oder besser noch als mein Olymp an. Ich war bereit meine Freizeit für das Bodybuilding zu opfern. Aber nicht nur meine Zeit war ich bereit dem Sport zu geben. Ich kämpfte, trainierte hart und bin oftmals über die Schmerzgrenze gegangen. Alles nur, um mich stetig zu verbessern. Nicht nur das Spiegelbild zeigte mir den Erfolg meines Trainings an. Auch die vielen Komplimente und Schulterklopfer anderer bestätigten mich und machten mich stolz, dass mein Training angeschlagen hatte. Mittlerweile gehörte ich schon zum Inventar meines Olymps und wurde auch oft von anderen Trainings-eifrigen Sportkameraden nach den einen und anderen Trainingstipp gefragt. In den Augen der Anderen gehörte ich zu den guten Bodybuildern unseres Studios, doch ich selbst sah mich noch lange nicht dort.

Irgendwann, es war an einem Montag nach der Tagschicht im Chemiepark trainierte ich mit einem Bekannten aus dem Studio. Wir fingen mit dem Bankdrücken an und benutzten die letzte Flachbank in der hinteren Ecke des Kraftraumes. Zehnmal die hundert Kilo, kein Problem. Sechsmal 120 kamen auch noch. Die 130 hob ich dann nur noch einmal, um Kraft zu sparen. Eine kurze Pause um Luft zu holen und dann lag ich unter der 140 Kilogramm schweren Langhantel. Eigentlich sollte man denken, dass nach einer 12-stündigen Schicht die Luft raus wäre, doch an diesem Abend nicht. Tief durchgeatmet hob ich das Eisen aus der Halterung und atmete einmal zwischen. Konzentration und das Gewicht langsam zur Brust gleiten lassen. Mit aller mir verbliebenen Kraft versuchte ich dieses für mich schwere Gewicht wieder in die Höhe zu heben. Es dauerte länger als sonst, aber an diesem Abend schaffte ich meinen bis dahin und danach nie wieder verbesserten Rekord von meiner Brust in Richtung Zimmerdecke zu drücken. Stolz und lächelnd erhob ich mich von der Bank und mein Trainingspartner war der Erste der mich beglückwünschte. Jetzt mögen viele bei 140 Kilo lächeln, aber für mich war dies ein Erfolg, an dem ich mich sehr gerne zurückerinnere. Als ich am nächsten Tag ins Studio eintraf, wurde ich daraufhin auch sofort angesprochen. So war es unter uns im Olymp, Rekorde sprachen sich sofort herum, auch wenn es nur persönliche Höchstleistungen waren. Im Bodybuildingsport ist es genauso, wie im wirklichen Leben. Wer negativ denkt, wird mit Negativen überschüttet. Der Gedanke eines Menschen kann wie ein Magnet wirken. Also immer nur positiv denken und so ziehen wir dann auch Positives an. In unserem Sport ist es genauso. Wenn du an deine Leistungsgrenze gehen möchtest, sollten deine Gedanken nur daran denken, die Höchstlast zu stemmen. Sind die Gedanken dabei, dass das Gewicht zu hoch und nicht zu drücken oder heben sei, schafft der Körper diese Last auch nicht zu bewegen. Also die Psyche spielt hier immer eine große Rolle. Denkt, wenn ihr auf der Bank unter der Hantel liegt einfach immer, ich drücke die Hantel jetzt zur Zimmerdecke, egal bei welchem Gewicht. Ihr werdet es vielleicht nicht sofort schaffen, aber irgendwann einmal wird es so weit sein und dann brecht ihr euren persönlichen Rekord und könnt den Nächsten angreifen. Wenn ihr aber unter dem Gewicht liegt und euer Kopf sagt jedes Mal das schaffe ich sowieso nicht, dann klappt es auch nie mit den persönlichen Rekorden. Nur wer das Gefühl kennt, endlich einen solchen Rekord gerade erreicht zu haben, weiß welch ein Glücksgefühl es einem gibt. Noch dazu erhöht sich dabei die Motivation für die nächsten Trainingswochen. Nie sollte vergessen werden, welch eine große Rolle die eigene Psyche im Leben, sowie im Sport spielen kann. Ein positiv denkender Mensch erreicht seine Ziele wesentlich leichter als jemand, für den das Glas immer nur halb leer statt halb voll ist. Ich selbst bin leider ein realistisch denkender Mensch und so lag ich oft genug auf der Flachbank und habe an das schwere Gewicht gedacht. Ich habe so lange daran gedacht, bis es nicht nur in meinem Kopf zu schwer wurde, sondern ich es dann auch physisch nicht mehr stemmen konnte. Deshalb ist es wichtig auch den Geist zu trainieren und dazu bietet ein gutes Fitnessstudio, wie das City of Sports auch unter anderem Yogakurse an. Ich mag jetzt von den ein und anderen belächelt werden, aber ich kann nur sagen, macht selber eure Erfahrungen und ihr werdet erstaunt über den Erfolg sein.

In der heutigen Zeit und der aus dem Umfeld erwarteten Leistungen, ist es wichtig den Körper und Geist in seiner Freizeit wieder mit neuer frischer Energie aufzuladen. Das Fitnessstudio könnte dabei helfen, den angesammelten Stress des Berufstages abzubauen. Das Training kann befreiend wirken und so sind die Psyche und die Physis nach dem Besuch des Gyms wieder im Einklang zueinander. Mir selbst hat es oft geholfen den Stress des Tages, trotz der eingeschlichenen Müdigkeit am frühen Abend beim Training abzuwerfen. Nur so konnte ich mein hohes Lebenstempo all die langen Jahre aufrecht halten. Für mich war mein Olymp also mehr als nur für den Muskelaufbau verantwortlich, auch meine Seele und der Geist wurden dort mit frischer Energie aufgefüllt. Um Platz für diese neue Energie zu schaffen, musste die alte verbrauchte Energie, ich nenne sie einfach Stress abgebaut werden und das konnte ich immer bei meinem Training im City of Sports. Danach war mein Tank leer und mit jedem tiefen Atemzug konnte ich neue unverbrauchte Energie in mich aufnehmen, gut schlafen und den nächsten Tag gestärkt in Kopf und Körper angehen.

Durch die Wechselschicht trainierte ich zu verschiedenen Zeiten. Manchmal morgens und an anderen Tagen am frühen Abend. Das Studio hatte mittlerweile einen anderen Namen, doch noch immer denselben Besitzer. Im neu genannten Olymp namens City of Sports trainierte auch der jüngere Bruder des Studiobetreibers. Er war ein Kerl, dem nicht nur die Damenwelt zu Füßen lag. Braungebrannt, zu jeder Zeit perfekt auf sein Äußeres bedacht, begeisterte der Anblick seines muskelbepackten Körpers auch uns Männer. Er war ein Vorbild an Trainingsintensität und hatte den eisernen Willen diesen körperbewussten Sport bis in die Perfektion zu leben. Wenn er voller Stolz seine Bauchmuskeln zeigte, beneidete ihn die ganze Mitgliedschaft des Gyms. Nicht nur die Bauchmuskeln machten ihn zum Vorzeigeathleten. Seine Figur war einfach perfekt ausgearbeitet. Kein Gramm Fett war zu sehen und seine Lebenseinstellung ordnete sich dem Bodybuilding völlig unter. Seine Disziplin zeigte uns, wie er den Erfolg an sich band. Nicht nur das unermüdliche tägliche Training formte seinen Körper in das muskulöse Kunstwerk, dass er geschaffen hatte. Auch seine Essgewohnheiten waren genau auf diesen Sport abgestimmt. Für den Sitz im Olymp verzichtete er auf viele Dinge, wie zum Beispiel fettreiches Essen oder Süßigkeiten. Doch der Erfolg gab ihm recht und die anderen Clubmitglieder redeten nur vorbildlich über ihn.

Die wirklich guten Bodybuilder des Studios trainierten meist am frühen Abend nach Feierabend. Der Kraftraum war dann immer sehr voll. Jeder kannte jeden und alle hatten wir Spaß. Wenn ich alleine nach der Arbeit in der Umkleidekabine stand und mich für das Training umzog, blickte ich mich oft nach einem Sportkameraden um, der sich auch zum Trainingsstart fertig machte. Man sprach miteinander und sollte der Zufall es hergeben, dass man die gleichen Muskelgruppen trainierte, praktizierten wir die Übungen an diesem Abend gemeinsam. So lernte ich immer mehr Sportler und die anderen mich kennen. Trotz der Müdigkeit nach einer zwölf Stunden Schicht, hatte ich nie das Verlangen zu Hause zu bleiben. Das Bestreben den eigenen Körper zu verbessern, motivierte mich jedes Mal bis in die Haarspitzen, um das Studio zu besuchen. Mein Trainingspartner I musste verletzungsbedingt eine lange Zeit aussetzen. Ich trainierte weiter und machte in dieser Zeit weitere Fortschritte. Jetzt sahen auch die anderen Mitmenschen was für eine Sportart ich betrieb und ich genoss ihre neidvollen Blicke. I und ich trainierten danach getrennt. Es dauerte aber nur eine kurze Zeit, die ich alleine beim Training verbrachte.

Wir waren eine Familie im Studio und Familien feiern auch mal gerne zusammen. Der Studioboss rief zweimal im Jahr zu einer Party auf. Im August lud er die Mitglieder zu einer Poolparty, wobei der Name Sommerfest besser gepasst hätte und im Herbst zum Oktoberfest ein. Das waren Highlights, über die wir noch Jahrzehnte später sprechen sollten. Aus der ganzen Stadt waren die Bodybuilder und die Fitness-treibenden Frauen anwesend. Ein Oberarm war mächtiger als der Nächste. Ein V reihte sich neben den des anderen. Es war wie im Olymp und was machen die Götter dort? Sie beschäftigen sich mit sportlichen Wettkämpfen.

So auch in unserem Fitnessstudio. Die Allerbesten, zu denen ich mich nicht zählen konnte, bestritten im Armdrücken einen Wettkampf aus, um den Besten unter ihnen zu ermitteln. Dieses Event bei dem Oktoberfest war der Höhepunkt des Abends und war vor Spannung nicht zu überbieten. Durch diese Feste wuchs die Gemeinschaft der Clubmitglieder noch enger zusammen. Wir waren dort eine verschworene Familie.

Aber auch durch die neugegründete Fußballmannschaft, die in der Marler Hobbyliga antrat, wurden wir alle zu Freunden und Bekannten. In unseren grün-weißen Trikots vertraten wir die Farben unseres Fitnessstudios. Auf unsere Brust zeichnete sich in Gelb der Name des Gyms ab. Wir trugen unsere Heimspiele auf den gegenüberliegenden Fußballplatz auf der Hagenstraße aus und waren das Hobbyteam mit Profi- haften Bedingungen. Nach den Spielen konnten wir noch gemeinsam den hauseigenen Saunabereich mit Pool zum Entspannen besuchen. Welcher Verein hat solch einen Bereich zum Relaxen? Unser Studio bot uns diesen Vorzug und wir nutzten diesen. Wir fühlten uns wie der FC Bayern unter den Mannschaften der Hobbyliga. Bei den Spielen waren die Gegner dann auch immer besonders motiviert, denn gegen uns wollten alle unbedingt gewinnen. Von der Kreisliga bis zur Bundesliga spielten unsere Spieler der Fitness-Kickers in früheren Jahren. Viele Partys feierten wir an den Wochenenden zusammen und es entwickelten sich richtige Freundschaften. Der Höhepunkt unserer Fußballspiele kam einen Sommer, zwei Jahre nach Gründung der Mannschaft. Wir wurden zu einem internationalen Turnier am Bodensee in Friedrichshafen eingeladen. Zu meiner Enttäuschung musste ich an diesem verlängerten Wochenende arbeiten und konnte nicht freinehmen. Bis ins Endspiel vertaten die Kicker des Studios unser Olymp und machten so noch überregional Werbung für unser Gym. Mit dem zweiten Platz und einem riesigen Pokal kamen die Bekannten dann nach Hause.

Das Jahr danach fuhren wir mit 16 Leuten aus dem Fußballteam wieder nach Friedrichshafen und wollten einen Platz besser abschneiden als im Jahr zuvor. Mit 4 geliehenen Kombis machten wir uns auf den Weg in den Süden zum Bodensee. Die Sonne schien und das Thermometer knackte die 30 Grad Celsius-Marke. Zu viert zelteten wir nicht wie die anderen Mitspieler, sondern buchten vorab ein Hotel. Diese vier, mich mit eingeschlossen saßen in einem Wagen. Unser Torwart und zugleich Organisator des Teams, ein Kerl im Aussehen wie Ivan Drago aus Rocky 4 übernahm das erste Teilstück der Strecke am Steuer. Die anderen drei Jungs waren älter als ich und vorher wurden wir eigentlich nie so richtig warm miteinander. Doch für mich änderte sich bei diesem Trip einiges. Nach einer Stunde holte Ivan Drago seine vorbereiteten Putenschnitzel aus der Tasche und bot zu meiner Überraschung allen eins an. Also auch mir. Beim Essen sagte ich damals schon nicht nein und griff zu. Wir unterhielten uns während der Fahrt, wechselten uns am Steuer ab und teilten unsere Getränke und das Essen untereinander auf. Wir lernten uns damals intensiver kennen und wurden zu guten Bekannten. Von diesem Tag an gehörte ich dazu. Ich bekam praktisch den Schlüssel für die Pforte des Olymps. Am nächsten Morgen regnete es

60

und der Regen hielt das ganze Wochenende an. Wir spielten wie das Wetter und flogen im Viertelfinale aus dem Turnier. Mit langen Gesichtern und ohne Pokal fuhren wir wieder ins Ruhrgebiet und gingen am nächsten Tag wieder unserer Passion, dem Bodybuilding nach.

Im darauffolgenden Jahr wurden wir wieder eingeladen und ich sagte zu. Urlaub eingetragen und auch vom Arbeitgeber bekommen. Der Bus war bestellt und sollte um 11 Uhr morgens an einem Donnerstag vor den Türen des Studios losfahren. Ich hatte jetzt ein Problem. Ich versprach meinen Eltern, sie am Flughafen von ihrer Urlaubsreise abzuholen und dieser Tag, war genau der Abfahrtstag. Meinetwegen sollte der Bus dann um 13 Uhr abfahren und ich hatte so noch genügend Zeit von Düsseldorf nach Gelsenkirchen und von dort nach Marl zu fahren. So der Plan. Doch es kam, wie es kommen musste. Der Flug verspätete sich und ich wartete nervös auf die Ankunft meiner Eltern. Die Uhr lief unaufhaltsam weiter und näherte sich einer Zeit, an der ich eigentlich schon auf dem Rückweg sein sollte. Der Flieger setzte dann zur

Landung an und der Zeiger der Uhr stand auf
halb eins. Ich so schnell es ging zum Auto.
Meine Eltern hechelten hinterher. Mit Vollgas auf
die A3 und den Blick auf die Uhr. Mir wurde
bewusst, ich schaffe es nicht mehr rechtzeitig
zum Bus in Marl. Heutzutage kein Problem.
Handy raus und anrufen. Doch damals gab es
keine Handys. Nur in der Serie Miami Vice
hatten sie schon ihre 5 kg schweren mobilen
Telefone. Ich also den nächsten Rastplatz raus
und in die Telefonzelle. Tippte die Nummer des
Studios ein, die Telefonzelle war schon modern
und hatte eine Tastatur statt einer Wählscheibe
und hatte die blonde Thekenfachkraft des Studios
an der Leitung. Ich erklärte ihr die Lage und
wollte, dass sie meinen wartenden Kameraden
berichtet, dass ich mit einer halben Stunde
Verspätung ankommen werde. Sie schaute vorne
aus der Tür und sah keinen Bus dort stehen und
sagte mir, dass der Bus schon weg sei. Ich hatte
versprochen und 100 % zugesagt mitzufahren
und ich stehe zu meinem gegebenen Wort. Ich
nun meine Eltern abgeladen, zur Tankstelle und
wieder mit meinem schwarzen Dreier auf die
Autobahn Richtung Bodensee. Der Bus war ja

nicht so schnell und ich schätzte meine Kumpels noch einholen zu können. Doch auch diese Idee lief nicht wie gedacht. In jedem Bus, den ich überholte, schaute ich herein. Gefunden habe ich den Richtigen aber nicht und kam dann völlig erschöpft und gestresst in Friedrichshafen an. Parkte auf dem Parkplatz des beheimateten Fußballvereins und legte mich auf dem Fahrersitz zum Schlafen. Irgendwann am späten Abend klopfte es an meiner Scheibe und die Mitspieler meines Teams aus dem Studio standen um mein Auto und staunten nicht schlecht mich hier zu sehen. Sie hatten hinter dem Studio mit dem Bus auf mich gewartet, deshalb hat die Thekenbedienung sie nicht mehr gesehen und mir gesagt sie wären schon weg. Meine Teamkameraden warteten bis halb zwei und hatten gedacht, ich hätte sie versetzt und fuhren enttäuscht ohne mich los. Damals war es so, heute durch die Kommunikation mit dem Handy, würde so ein Missgeschick nicht mehr passieren. Die Hobbyliga löste sich auf und unser Fußballteam des Fitnessstudios hatte keine Spiele mehr. Wieder einmal saßen wir an einem

Abend im Studio im Thekenbereich zusammen und beratschlagten die weitere Vorgehensweise der Fußballer. Wir beschlossen uns der Spielvereinigung aus Marl, als dritte Mannschaft anzuschließen und spielten dann ab der nächsten Saison in der untersten Kreisliga C. So garantierten wir, weiter jedes Wochenende Fußball spielen zu können. Im zweiten Jahr stiegen wir sogar auf in die Kreisliga B, doch die Mannschaft veränderte ihr Gesicht. Immer weniger Spieler aus dem Fitnessstudio spielten noch mit und der Kader füllte sich mit anderen fußballspielenden jungen Männern auf. So löste sich das Fußballteam des Fitnessstudios langsam auf. Doch die schönen Jahre, die ich als Kicker des Studios mit meinen Kameraden verbringen durfte, bleiben ewig in meine Erinnerungen haften.

Natürlich war das Fußballspielen nur ein Zeitvertreib nebenher. Unsere und auch meine volle Konzentration galt dem Gewichteheben. Wieder einmal wurde das Studio renoviert und wir bekamen ein neues Schmuckstück als neuen Olymp. Jetzt standen plötzlich vier Flachbänke zum Bankdrücken in einer Reihe und das lange Warten früherer Zeiten hatte sich erledigt. Eine Bank war jetzt immer frei und wir konnten nun sofort loslegen. Ich trainierte weiter morgens und abends, so wie es mein Schichtplan zuließ, als irgendwann Andy auf mich zutrat und mir anbot, mit ihm als Trainingspartner weiter Fortschritte machen zu können. Für mich persönlich war dieses Angebot, wie die Aufnahme in den Adelsstand durch die Queen. Der damals beste Bodybuilder, mehrfacher Landesmeister im Bankdrücken, fragte mich, ob ich mit ihm trainieren wollte. Freudig nahm ich sein Angebot an und mit ihm als Partner erreichte ich durch noch härteres Training meinen damaligen Höhepunkt im Bodybuildingsport. Andy wurde nicht nur mein Trainingspartner, nein, er wurde mit der Zeit auch ein guter Freund und wir verbrachten einige Zeit außerhalb des Fitnessstudios miteinander. Mit meinem neuen Trainingspartner wurde das Training im Club noch fortgeschrittener. Andy forderte mich bei jedem Training. Ich wurde von ihm aufgefordert, jeden Satz bis zur Erschöpfung durchzuziehen. Meine Muskeln brannten nach jeder Übung. Aber es war ein angenehmes Brennen. Ich fühlte mich gut mit dem nachlassenden positiven Schmerz und in den Spiegeln des Studios konnte ich nach Wochen des gemeinsamen Trainings mein Muskelwachstum erkennen. Monate vorher hatte ich nicht daran geglaubt, noch mehr Muskelvolumen zulegen zu können. Doch Andy war der optimale Studiopartner und ich schaffte es mit ihm meinen Körper nun nach all der langen Zeit doch noch so zu formen, dass man mich als Bodybuilder erkennen konnte.

Mit Andreas als Trainingspartner wurde ich endgültig in den inneren Zirkel der großen Studiofamilie aufgenommen. Im Nachhinein rückblickend gesehen, kann ich heute sagen, die Zeit mit Andy als Trainingspartner war die beste Zeit im Fitnessstudio. Mit 29 Jahren war ich noch jung und hatte erreicht, wovon ich vor meiner Anmeldung in meinem Olymp nicht zu träumen gewagt hatte. Jedes Mal, wenn ich am frühen Abend das Studio betrat, waren dort eine Vielzahl an ihrem Körper trainierende Männer und Frauen und mittlerweile kannte ich jeden und wir begrüßten uns immer freudig mit Handschlag. Das Studio war ja nicht nur ein Ort der Bodybuilder, nein unser Olymp hatte für viele körper- und gesundheitsbewusste Sportler etwas zu bieten. Es gab zum Entspannen den Saunabereich mit einer Innen- und Außensauna, ein Dampfbad, der Pool und den Ruhebereich mit seinen vielen Liegen. Sonnenliegen für die Frauen und Männer die einen dunkleren Teint bevorzugten, luden dazu ein, die Bräune aus dem Urlaub zu behalten. Im Thekenbereich gab es Getränke aller Art. Vom isotonischen Durststiller, über den Proteinshake oder sogar ein frisch gezapftes Bier. Dazu konnte das Mitglied eine kalorienarme Kost für den kleinen Hunger bestellen. Es gab einen großen Raum oder besser gesagt, eine Halle in der die vielen Trainerinnen und Trainer verschiedene Kurse zum Fit bleiben mit den Sportlern praktizierten. Egal ob Pilates,

Yoga, Zumba, Gewichtstraining oder das Boxen.
Es gab nicht einen Kurs, dass
dem Mitglied nicht angeboten wurde. Dazu
durften die Frauen und Männer im Ausdauer-
und Kardiobereich etwas für die Kondition und
ihre Gesundheit tun. Doch für uns Bodybuilder
war das Heiligtum der Kraftraum in der ersten
Etage. Mit den selbst hergestellten Geräten des
Studioinhabers kämpften wir bis zum Umfallen
beim Training, um die Muskelmasse immer
weiter aufzubauen und wir fühlten uns dabei gut.
Andy und ich trainierten etwa drei Jahre
zusammen, danach ging ich wieder alleine an die
Gewichte. Unser beiden unterschiedlichen
Arbeitszeiten machten ein weiteres gemeinsames
Training nicht möglich. Doch lange blieb ich
auch dieses Mal nicht alleine.

Im Jahre 1994 verließ ich meine Heimat Gelsenkirchen und zog nach Marl. Ich hatte in Marl meinen Arbeitsplatz und durch das Fitnessstudio jetzt eine Menge an Bekannte und Freunde hier kennengelernt. Also war es auch klar, dass ich mich irgendwann in Marl einbürgern lassen würde. Sechs Jahre trainierte ich jetzt schon in meinem Olymp, bevor ich eine Mietwohnung meines Arbeitgebers beziehen konnte. Im selben Monat übernahm ein Arbeitskollege eine andere angebotene Wohnung unseres Unternehmens und zog von Recklinghausen nach Marl. Wir wohnten nur ein paar Meter auseinander und fuhren von diesem Tag an immer zusammen mit den Fahrrädern zur Arbeit und zurück. Uwe fragte mich kurz nach seinem Umzug, wie er in für ihn fremden Stadt neue Bekannte kennenlernen könnte. Da hatte ich es natürlich einfacher als er. Durch das Fitnessstudio habe ich mir schon vorher meinen Bekanntenkreis aufbauen können und dies erzählte ich Uwe. Ich bot ihm an, mit mir nach der Arbeit ins Gym zu gehen und zusammen zu trainieren. Uwe hielt mich für einen abhängigen sportverrückten Bodybuilder und wollte schon verneinen. Als ich ihn dann noch erzählte, dass, wenn ich kaputt und müde von der Schicht noch in meinem Olymp gehe, dort bis zur Erschöpfung trainieren und mich danach wohlfühlen würde, hielt er mich für einen Bekloppten. Trotzdem ließ er sich auf mein Angebot ein und meldete sich dort als aktives Mitglied an. Wir trainierten gemeinsam einige Wochen, wobei ich ihm die Grundübungen eintrichterte. Uwe war aber aufgrund meines Vorsprungs kein optimaler Trainingspartner und ich ging wieder meinen eigenen Weg beim Training. Uwe lernte durch das Gym schnell viele nette Leute kennen und war glücklich. Als wir zwei Jahre später gemeinsam unseren Sommerurlaub auf Ibiza verbrachten, strich Uwe zum ersten Male in seinem Leben die Lorbeeren für seinen Einsatz beim Training ein. Sein vorher normaler Körper hat sich zu einem sportlich attraktiven Body verwandelt und die ganze Schufterei und die Mühen zahlten sich nun aus. Die Urlauberinnen an den Stränden um Sankt Antonio belagerten uns und sparten nicht mit Komplimenten. Uwe genoss die Zeit und erzählte mir noch zwei

Jahrzehnte später von dem schönen Urlaub auf Ibiza. Jahre später hatte er mir gebeichtet, dass er mir nicht glaubte, als ich ihm erzählte nach der Arbeit noch trainieren zu gehen und sich danach gut zu fühlen. Doch jetzt bestätigte er dieses gute Gefühl und gab mir recht. Leider kann Uwe diese Sätze nicht mehr lesen. Er verließ Marl beruflich und verstarb in jungen Jahren mit 56 plötzlich im letzten Jahr. Ich verlor einen Freund und ehemaligen Trainingspartner. In Gedenken an ihm widme ich ihm die wenigen Zeilen. Er wird mir immer als guter Freund in Erinnerung bleiben.

Nicht nur die Damenwelt auf Ibiza schauten auf uns Bodybuilder. Auch im Studio selbst wurde ich, wie die vielen anderen Athleten dort auch, von der einen und anderen netten Frau angesprochen. Ohne das harte Training und ohne meine antrainierte Figur, wäre ich mit Sicherheit nicht ins Gespräch mit den Damen gekommen und hätte so sehr viel weniger hübsche Frauen kennengelernt. Auch hier durfte ich mich durch den harten Einsatz bestätigt fühlen. Das Training formt aber nicht nur den Körper. Zumindest bei mir, baute das Gym nicht nur die Muskeln auf, auch mein Selbstbewusstsein wuchs ständig mit. Ich fühlte mich kräftig und gesund. Hatte mir durch das Fitnessstudio einen großen Bekanntenkreis aufgebaut und war glücklich und zufrieden mit meinem Leben.

Mit meinen Freunden aus dem Studio besuchten wir am Wochenende öfter die Discos im Ruhrgebiet. Zur Routine war es geworden, freitags zusammen in einem großen Auditorium mit mehreren Discos in Bochum feiern zu gehen. Wir fühlten uns frei und großartig und die Welt öffnete uns die Tür. In unseren engen figurbetonten T-Shirts zogen wir auch dort die Blicke auf uns. Schon beim Einlass wurden wir von den Türstehern als gleichgesinnte Bodybuilder mit Handschlag begrüßt und nach dem jeweiligen Small Talk ohne Probleme eingelassen. Bodybuilder sind eine eingeschworene Gemeinschaft und das nicht nur im gemeinsamen Studio. Meine Erfahrungen, die ich durch meine weltweiten Urlaube gemacht habe, bestätigen meine Aussage. Egal in welchem Land oder auf welchem Kontinent ich zu Besuch war, andere Bodybuilder begrüßten mich immer und öffneten mir nicht nur einmal Tür und Tor. So lernte ich zum Beispiel einen sehr guten und netten Bodybuilder in Acapulco kennen. Dort verbrachte ich 1995 an der mexikanischen Pazifikküste meinen Sommerurlaub. Nachdem ich dort am ersten Tag den Bodybuilder Marc kennengelernt hatte, trainierte ich dort 2 Wochen lang jeden Abend um 19 Uhr mit ihm in einem naheliegenden Gym. Durch ihn lernte ich schnell die anderen Kraftsportler dort kennen und in wenigen Tagen gehörte ich für die kurze Zeit, die ich in Mexiko verbrachte, zu ihrer Gemeinschaft. Schon auf dem Weg zu dem Gym, wurde ich von trainierenden Einheimischen lächelnd begrüßt. Ich gehörte einfach zu ihnen. Die mexikanische Studioleiterin nannte mich immer, den tough Guy aus Alemannia. Marc verkaufte in Acapulco in seinem Laden Sportbekleidung eines amerikanischen Fitnessunternehmens. Oft saß ich tagsüber bei ihm und versuchte mit ständigen Unterhaltungen meine Englischkenntnisse aufzubessern. Ich erinnere mich noch ganz genau. Während die Anderen am Strand lagen, saß ich dort neben ihm und wir verdrückten die Lage an gekochten Eiern bei unserer Unterhaltung. Das Eigelb fand dabei aber nicht den Weg in unsere Mägen, sondern wurde über den Abfalleimer zwischen uns ausgedrückt. Ein anderes Mal saß ich dort und kaute zusammen mit ihm auf ein Putenschnitzel herum. Marc hatte immer genügend zu essen dabei und lud mich jedes mal ein mit ihm seine zubereiteten Lebensmittel zu verspeisen. Wenn es der Zufall mal wollte und deutsche Touristen betraten seinen Shop, machten wir uns einen Spaß und ich bediente diese dann im Verkauf. Ich fand in diesem netten und sympathischen Bodybuilder einen guten Freund für die kurze Zeit meines Aufenthaltes in Acapulco. Leider sahen wir uns nie mehr wieder, doch in meinen Gedanken werde ich ihn immer mit einem Lächeln in Erinnerung behalten. Mit einem gemeinsamen Foto, dass an seiner Wall of Fame gepinnt wurde, verabschiedete ich mich damals und hoffe, dass ich noch immer dort neben Franco Colombo und Arnold Schwarzenegger hänge.

Der Bodybuildingsport schweißt eben zusammen. Diese Erfahrungen habe ich so öfter erlebt, egal ob auf Fuerteventura, in Ägypten oder in den USA, überall wurde ich als einer von ihnen behandelt. Dieses Gefühl auf der ganzen Welt zu einer Gruppe Gleichgesinnter zu gehören ist unbeschreiblich. Nur wer dieses Gefühl kennt und selbst erlebt hat, kann verstehen was ich meine. Ich glaube, dieses Gefühl der Zugehörigkeit ist vergleichbar mit den Bruderschaften weltweiter Motorradclubs.

Im Studio waren wir wie Brüder. Alle hatten Spaß und wir respektierten uns untereinander. Da gab es den Langen, der aussah wie Meister Proper. Also Meister Proper liegt mit seinen 127 kg Körpergewicht auf der Flachbank und schwitzt beim Bankdrücken. Er steigerte seine Gewichte und fragt mich, ob ich aufpassen könnte. Wir passten untereinander immer auf uns auf, wenn das Gewicht an die Leistungsgrenze kam. So auch bei Meister Proper. Der Lange liegt auf der Bank und erholt sich noch vom letzten schweren Satz, während wir ihm schon halfen das Gewicht für den nächste schwere Wiederholung aufzulegen. Jetzt gurkte der Lange schon monatelang bei 180 kg herum und steigerte sich einfach nicht mehr. Obwohl 180 kg schon eine Macht war und von mir nicht annähernd erreicht wurde. Also alles über 180 kg wäre sein persönlicher Rekord. Wir halfen also ein wenig ungefragt nach. Statt 5 kg Scheiben, packten wir 10 kg Scheiben auf die nun 190 kg schwere Langhantel. Zu zweit passten wir auf unseren Kollegen unter der Hantel auf. Der Lange drückte die Hantel schwerfällig von seiner Brust wieder nach oben, hängte ein und war sauer auf sich selbst. Er schimpfte wie ein Rohrspatz auf seine vermeintliche Minderleistung. 180 kg wären ihm schon lange nicht mehr so schwergefallen in die Höhe zu drücken, war seine Aussage. Er wurde erst stutzig, als er die anderen Kameraden mit uns laut lachen sah. Der ganze Kraftraum hatte gerade erlebt, wie er seinen persönlichen Rekord von 190 kg in den Himmel drückte. Mit einem von ihm lächelnden Tritt in meinem Hintern feierten wir seinen Rekord. Später überschritt der Lange sogar die magischen 200 kg beim

Bankdrücken und war einer der stärksten
Sportler in unserem Olymp.

Der Gruppe, die freitags immer in die Disco
aufbrach, schloss sich ein alter Bekannter an. R,
der Bodybuilder aus meinem Nachbarbetrieb auf
der Arbeit, fiel zu Hause die Decke auf dem
Kopf. Frisch geschieden versuchte er sich nun
von dem Leiden des verlassenen Ehemannes zu
befreien und sich wieder unter Leuten zu
begeben. Da Roland ein Pfundskerl war, immer
nett und hilfsbereit, war es für uns gar keine
Frage ihn nicht in unserer Gemeinschaft
aufzunehmen. Roland wurde später mehr als ein
Freund und Trainingspartner für mich. Wir
wurden mit der Zeit beste Freunde oder besser
gesagt, wir wurden später zu Brüdern.

In unserer Ausgehtruppe gesellte sich ein für
mich neuer Sportkamerad dazu. Jürgen war für
die anderen ein alter Bekannter. Er trainierte vor
einigen Zeiten in unserem Marler Studio,
wechselte dann aber nach Recklinghausen.
Jürgen war ein wirklich guter Bodybuilder mit
Bühnenerfahrung. Ich lernte ihn damals in
unserer Truppe kennen. Man wir waren damals

schon ein toller verschworener Haufen. Das Studio brachte uns zusammen. In unserem Olymp wuchsen nicht nur die Muskeln, auch unsere Freundschaften wuchsen mit. Zu dieser Zeit lief ein neuer ganz junger Sportler bei uns auf. Mit seinen 19 Jahren brachte er selbst schon ein enormes Potenzial für den Bodybuildingsport von Natur aus mit. Der liebe Gott hatte diesen Kerl alles mitgegeben, was ein Bodybuilder benötigte. Breite Schultern und eine schmale Taille. Dicke Oberarme und einen ausgeprägten Oberschenkel. Nur sein Teint war so blass, wie seine Haarfarbe. Dennis kam als deutscher Einwanderer aus Kirgisistan glaube ich und zog durch sein Training, seine Motivation und vor allem durch seine wahnsinnigen Fortschritte die Blicke auf sich. Nach etwa einem Jahr in unserem Kraftraum war er schon einer der besten Bodybuilder unter uns. Dennis und ich waren uns sympathisch und verbrachten an den Abenden viel gemeinsame Zeit an den Gewichten. Auch ich hatte zu dieser Zeit einen Lauf. Ich lief meinem persönlichen Zenit entgegen. Der Göttergipfel Stefani war für mich in Sichtweite gekommen. Durch meine wirklich harte Arbeit in unserem Olymp erreichte ich die 90 kg Marke. Ich trainierte damals sehr konsequent und erlaubte mir keine Auszeiten. Auch wenn es Tage gab, an denen mich die Lust und Motivation im Stich ließen, kämpfte ich gegen den inneren Schweinehund an und bearbeitete die Gewichte im Gym. Völlig unerwartet fragte mich Jürgen dann, wenn er sich wieder dem Marler City of Sports anschließen würde, ob wir dann gemeinsam das Training bestreiten könnten. Jürgen ging im gleichen Unternehmen wie ich seiner Arbeit nach. Zu unserem Vorteil arbeitete er auf der gleichen Schicht wie ich und wir beide verabredeten uns nach Ablauf seines Vertrages zusammen unseren Sport zu betreiben. Jürgen und ich mussten aber die noch ein halbes Jahr laufende Vertragszeit abwarten. Danach wollten wir zusammen neue Rekorde in Angriff nehmen. Ich wusste damals nicht, dass ich meinen persönlichen Höhepunkt erreicht hatte. Ich saß auf Zeus Stuhl und war glücklich. Doch wenn der Gipfel erreicht ist, geht es nicht mehr weiter hinauf. Der nächste Weg führt den Berg wieder ins Tal herab. Kurz nach der Abmachung zwischen Jürgen und mir kam Dennis auf mich zu. Wir trainierten zusammen an der Kniebeuge Beine, als er mich fragte, ob wir nicht immer zusammen trainieren könnten. Jetzt stand ich aber zu meinem Wort gegenüber Jürgen und erklärte Dennis die Situation. Er verstand mich und wir verabredeten das nächste halbe Jahr zusammen die Gewichte zu stemmen. Dennis war mit seinen 92 kg Körpergewicht ein wenig schwerer als ich, doch das Training harmonierte und er zog mit seinem Muskelwachstum davon. Er wollte mehr als ich. Für den gelernten Maler und Lackierer war die Bühne das Ziel und das besprach er mit mir. Da ich keine Bühnenerfahrung und auch keine Beziehungen zu irgendwelchen Offiziellen der IFBB hatte waren mir die Hände gebunden. Helfen konnte ich Dennis aber trotzdem. Einer meiner Bekannten, M hatte Erfahrungen im Wettkampf und was noch wichtiger war, er kannte die richtigen Leute. So vermittelte ich ein Treffen der beiden. M kümmerte sich um den Rest und ein halbes Jahr später gewann Dennis die Newcomer-Meisterschaft und im Jahr danach den Gesamtwettkampf im Landesverband der

IFFB in NRW. Jürgen und ich waren im Auditorium live dabei und freuten uns mit ihm über seinen ersten Sieg bei einem Bodybuilding-Wettkampf. Das war der Startschuss einer bis dahin unerreichten Karriere eines deutschen Bodybuilders. Dennis gewann fast alle seiner Wettkämpfe und nach dem er einige Jahre später, ich glaube 2002 Mr. Universum wurde, wechselte er ins Profigeschäft und zog mit seiner Familie nach Las Vegas in die USA. Dennis war mehrfacher Mr. Olympia-Teilnehmer und erreichte mehrere vierte und fünfte Plätze. 2013 war dann sein erfolgreichstes Jahr. Dennis stand auf dem Podest des Mr. Olympia-Wettkampfes und krönte sich mit dem dritten Platz. Die Entscheidung damals war eng und viele sahen ihn als Gesamtsieger. Da kommt die Frage auf, was hat das Bodybuilding mit dem Eiskunstlaufen gemeinsam? Es ist die Reihenfolge der Platzierungen. Denn in beiden Sportveranstaltungen gewinnt nicht immer der oder die Beste, sondern der Athlet, der von den Punktrichtern als Bester bewertet wird. Eine Verletzung hinderte ihn dann in den nächsten

Jahren ein noch besseres Ergebnis zu erlangen. Trotzdem hatte Dennis einen besseren Körper erreicht als der Gottvater des Bodybuildings Arnold Schwarzenegger zu seiner besten Zeit. Ich hoffe, Dennis wird sich auch noch nach seinen großen Erfolgen an mich erinnern und die von mir geschriebenen Zeilen lesen. Ich wünsche ihn weiterhin viel Glück und hoffe, man trifft sich irgendwann mal zu einem Pläuschchen wieder. Jeder Bodybuilder kennt den vollen Namen des großartigen Athleten. Mit seiner persönlichen Erlaubnis darf ich ihm bei seinem Namen in diesem Buch benennen und freue mich riesig darüber. Der beste deutsche Bodybuilder aller Zeiten ist Dennis Wolf und es ist mir heute noch eine Ehre und es macht mich stolz mit ihm eine kurze Zeit in unserem Olymp gemeinsam das Eisen gestemmt zu haben. Das Schöne an meine Geschichte ist, dass Dennis sich, nachdem ich diese Zeilen geschrieben habe, bei mir gemeldet hat. Er munterte mich etwas auf als er von meinem Schicksal in meinem Buch „Kein Bodybuilder, dafür Parkinson" erfahren hatte. Ich erzählte ihm von meinem neuen Projekt und er sagte mir seine Unterstützung zu. Dieser fantastische Bodybuilder ist noch immer der gute Kerl der er früher schon war.

Ich erinnere mich noch an Mark. Mark gehörte zu meinen engeren Bekanntenkreis und lud das halbe Studio zu seinem damals vierzigsten Geburtstag ein. Ich stand mit einigen Freunden und Bekannten an einem der aufgestellten Bistrotischen und wir hatten Spaß. Aber nicht alle. Während wir uns mit Bier und gegrillten Würstchen den Bauch voll schlugen, stand ein Trainingskamerad mit traurigen Augen dabei. Ihm lief das Wasser bei dem wohlriechenden Würstchen im Mund zusammen. Doch er war in der Vorbereitung eines Wettkampfes und seine damalige Freundin und jetzige Frau achtete mit Argusaugen auf ihren Freund. Ohne sie wäre Dennis sicher schwach geworden, doch sie hielt ihn davon ab, sich mit den gleichen Dingen wie wir den Bauch zu füllen. Dennis trank sein Mineralwasser und blieb dem Grillgut und den anderen Getränken fern. Durch diese Motivation und positiven Glauben hat es Dennis zum Profibodybuilder geschafft.

Andersherum kann ich auch von einem anderen Fall schreiben. Der eben genannte Mark, selbst ein guter Bodybuilder, hatte gerade einen Wettkampf gewonnen. Ausgehungert durch die wochenlange Diät in der Vorbereitungsphase, schrie der Körper und sein Kopf nach Leckereien. Zu dieser Zeit feierte ein anderer Sportkamerad seine Hochzeit und auch hier wurde von ihm das halbe Studio eingeladen. Am Polterabend gab es natürlich auch gegrillte Bratwürstchen und der Geruch vom Grill trieb unseren Appetit weiter an. Ich fragte dann in der Runde, wem ich alles eine erste Bratwurst mitbringen sollte und stellte zwei Minuten später sechs gegrillte Würstchen auf dem Tisch. In der Zeit meiner kurzen Abwesenheit gesellte sich Mark an unseren Tisch und bedankte sich bei mir für die mitgebrachten Würstchen. Ich wollte es nicht glauben und lachte aus Spaß noch mit den anderen. Doch Mark meinte es ernst und vertilgte alle sechs Würstchen. Danach schaute er mich lächelnd an und erklärte mir, dass er sie so in seinem Bauch verteilt, dass sie als Sixpack zu sehen seien. Dabei hob er sein Shirt hoch und zeigte uns seinen muskelbepackten Bauch. Sein

Sixpack lachte uns genauso an wie er selbst und dann fragte er, wann ich die nächste Rutsche holen würde.

Während ich die letzten Seiten mit Wörtern und Sätze gefüllt habe, telefonierte ich mit meinem früheren Trainingspartner Andreas. Wir sprachen über das Erlebte in und um unserem Olymp. Andy ist noch heute ein hart an sich trainierender Bodybuilder und sein Bizeps sprengt im Gegensatz zu meinen noch jedes langarmige Hemd. Andy erinnerte mich bei unseren Gespräch an den sogenannten Corsa-Test. Dies ist eine witzige Geschichte, die ich hier gerne beschreiben möchte. Also Andreas Freundin hatte damals einen roten Opel Corsa, wir waren in der Vorweihnachtszeit und sie fuhr uns nach Gelsenkirchen zum Weihnachtsmarkt. Für Andy als heißblütiger Schalke-Anhänger ist Gelsenkirchen eine heilige Stadt gewesen. Na ja, wir trotzdem den ganzen Tag auf dem Weihnachtsmarkt in Gelsenkirchen und es wurden einige Glühweine und Jagertees getrunken. Der Tag war lustig und noch mehr

Spaß hatten wir, als wir wieder nach Hause wollten. Andy saß auf dem Beifahrersitz und wir alle machten gutgelaunt Witze. Als Andreas Freundin dann losfahren wollte, sollte Andy sich anschnallen und dieses Schauspiel wurde unter unserem Gelächter zum Corsa-Test. Andy schaffte es in seiner Sitzposition in dem engen Auto nicht, den Gurt mit der linken Hand über seinen gewaltigen Brustkorb und den voluminösen rechten Oberarm zu greifen. Er hatte einfach zu große Muskelmasse. Egal was er versuchte, er schaffte es nicht. Wir hatten dabei soviel Spaß, dass wir Tränen gelacht haben. Doch irgendwann wollten wir dann doch nach Hause und hatten Mitleid mit ihm. Vom Rücksitz aus gab ich ihm dann den Gurt an und seine Freundin fuhr uns sicher und lachend nach Marl zurück. Danach hieß es immer, wow hat der Bodybuilder einen Brustkorb, der würde den Corsa-Test auch bestehen.

Aber auch im Sommer hatten wir unseren Spaß. Oft genug, wenn sie Sonne vom Himmel strahlte und der Schichtdienst dies zuließ, trainierten wir früh am Morgen. Wir pumpten die Muskeln auf und stachelten uns gegenseitig zu besseren Leistungen an. In den vielen Wandspiegeln bestaunten wir dann unsere gestählten Körper. Dann ging es zum Duschen und danach nicht wie sonst nach Hause, sondern ins Freibad nach Alt Marl oder nach Recklinghausen. Dort präsentierten wir dann voller Stolz unsere durchtrainierten Körper. Ein wenig rannten wir dort wie aufgeplusterte Gockel herum und erhielten viele nette Blicke der weiblichen Badegäste. Aber auch die neidvollen Blicke der untrainierten Männer flogen uns zu unserem Spaß zu. Hinter unseren breiten Rücken mussten wir auch den einen oder anderen beleidigenden Spruch der muskellosen Konkurrenz über uns ergehen lassen, doch die Komplimente der Frauen gingen runter wie Öl. Wir machten uns oft genug einen Spaß, andere Männer als Personen der 2. Klasse dumm dastehen zu lassen und waren aus diesem Grund oft genug ins Freibad gefahren.

Dann gab es mal die Zeit des A-Teams. Jeder kannte die amerikanische Serie mit Mr.T als einen der Schauspieler. Mr.T hat in Rocky 3 den bösen Gegenwart von Rocky Balboa gespielt. Auf jeden Fall hatten wir Mitte der Neunziger auch unser A-Team. Es war so, dass Andreas, Andy, Volker und ich eine ganze Zeit zu Viert trainierten. Zu Viert an einer Übung ist natürlich zu viel, deshalb teilten wir uns immer in zwei Gruppen auf und machten oft Supersätze. Der Name A-Team fiel uns wegen der beiden Andys ein. Volker war damals noch Jugendlicher und hatte ein gutes Potenzial mehr aus sich zu machen. Andy war zur damaligen Zeit ein sehr guter Bodybuilder und Andreas wog mit seinen breiten Schultern um die 120 Kilogramm. Nur ich mit meinem Leichtgewicht von 88 Kilogramm passte nicht wirklich dazu. Aber das Training machte Spaß und wir hatten Erfolg. Volker wurde damals sogar deutscher Jugendmeister im Bankdrücken. Andy heimste sowieso die Landesmeistertitel jedes Jahr ein. Einen Spaß machten wir uns immer, wenn ein Gerät das wir benutzen wollten durch einen anderen Sportkameraden besetzt war. Andreas fragte dann nicht wie gewöhnlich, wie viele

Sätze machst du noch, sondern es kam der
Spruch, du bist doch jetzt fertig oder?
Im Übrigen, alle 4 trainieren wir immer noch,
aber leider in unterschiedlichen Gyms. Wenn wir
uns mal über den Weg laufen, erzählen wir uns
immer die alten Geschichten um das Training in
unserem Olymp und haben dabei strahlende
Augen.

Um die Schönheit des Körpers zu perfektionieren, gehörte nicht nur die harte Arbeit mehr Muskelmasse aufzubauen. Wer damals mit den Schönen dieser Zeit konkurrieren wollte, musste auch einen Urlaubs gebräunten Teint vorweisen. Da wir aber alle arbeiten mussten und nicht nur in den wohlverdienten Urlaub fahren konnten wie es uns vielleicht gefallen hätte, noch die Sonne in Deutschland das ganze Jahr auf uns wärmend herab scheint, musste eine andere Lösung für den optimalen Teint her.

Auch hier hatte die Familie Kehren eine Lösung im Kopf und bot es den sonnenhungrigen Bürgern in Marl und in den anderen Städten im und um das Vestische an. City of Sun nannte sich die Sonnenbankkette, die es plötzlich überall gab. Nach dem Training also noch einmal kurz unter der künstlichen Sonne und der Teint der Haut war für das Wochenende gerettet. So trafen wir uns dann immer. Alle sonnengebräunt und die Muskeln aufgepumpt, um Spaß zu haben und die Wochenenden abzufeiern.

Die Neunziger gingen langsam zu Ende und ich hatte wieder einen neuen Trainingspartner. Jürgen war etwas schwerer und stärker als ich. Der ideale Kamerad, um mich noch einmal zu pushen. Den Traum selbst einen Wettkampf zu bestreiten hatte ich aufgrund hoffnungsloser Siegchancen aufgegeben. Ich war einfach nicht gut genug. Ich musste ja nicht gewinnen, aber zumindest wollte ich eine Chance haben mich im Wettkampf auf einer Höhe zu messen und das ließ mein Körper nicht zu. Jürgen und ich trainierten gut, aber nicht mehr so hart wie noch einige Jahre zuvor. Dem Bodybuilding gehörte nun nicht mehr meine ganze Aufmerksamkeit, aber dazu später mehr. Ich verlor über die nächsten Jahre einige Kilos an Körpergewicht. Zu Ende waren die Tage an denen ich fünf bis siebentausend Kalorien zu mir nahm. Eines sollte der Laie oder Anfänger wissen, nur durch das Training baut der Bodybuilder kein Muskelvolumen auf. Die genau abgestimmten täglichen Mahlzeiten und die benötigten Ruhephasen haben den gleichen Anteil an dem Muskelwachstum, wie das harte Gewichtheben.

Und wieder spielte das Fitnessstudio mir persönlich einen prima Kameraden zu. Jürgen und ich waren anfangs Bekannte, dann Kameraden und wurden später beste Freunde. Er bewies mir seine Freundschaft damit, dass er bei seiner Hochzeit, mich als seinen Trauzeugen vorschlug. Ich war erstaunt und freute mich sehr. Natürlich nahm ich sein Angebot, bei seiner Hochzeit neben ihm zu stehen dankend an. Noch heute, über zwei Jahrzehnte hat unsere Freundschaft überlebt und ist ungebrochen. Ich bin froh ihn als meinen Freund zählen zu können. Viele Jahre trainierten Jürgen und ich in unserem Olymp. Nur auf dem Gipfel saßen wir beide nicht mehr. Mit jedem Jahr, dass wir älter wurden, führte uns der Weg weiter ins Tal hinab. Der Pfad vom Gipfel des Olymps ins Tal war nicht steil bergab, aber mit der Länge der Zeit führte mich der seicht abfallende Weg auf das untere Plateau. Das Niveau früherer Tage hatte ich verlassen und nie mehr wiedererlangt. Noch heute trauere ich den guten Zeiten nach. Lebe mit meinen Gedanken und Erinnerungen in der Vergangenheit. Mit Wehmut, einem Lächeln im Gesicht und Tränen aus den Augen erzähle ich heute den Anderen von meiner besten Zeit in unserem Gym.

In den Anfängen der Neunziger kaufte ich mir einen japanischen Chopper. Das Modell war eine Kopie des großen amerikanischen Motorradherstellers. Ich fuhr mit meiner Shadow an einem Abend vor das Fitnessstudio und einige der Kameraden bestaunten mein neues Spielgefährt. So auch der Besitzer des Clubs, der anscheinend sehr viel Interesse an meinem neuen Bike zeigte. Nach einigen Minuten des Unterhaltens ließ er dann die Bombe platzen. Er selbst wartete zu der Zeit auf sein bestelltes Schätzchen. Ein Chopper aus dem Stall von Harley-Davidson sollte demnächst einen Platz in seiner Garage finden. Was hat das alles mit meinem Fitnessstudio zu tun? Ganz einfach, wir beide waren nicht die ersten und auch nicht die letzten Biker aus dem Gym. Wieder fügte das Studio Leute außerhalb des Kraftraumes durch gemeinsame Interessen zusammen. Die eine und andere Tour wurde unternommen und wir pflegten unsere Bikes, wie unsere Körper. Der

Höhepunkt der Biker Zeit war eine Tour der Studiomitglieder nach Mallorca. Leider musste ich arbeitsbedingt passen und konnte zu meinem Entsetzen nicht daran teilnehmen. Doch die beteiligten Sportkameraden erzählten mir nur tolle Geschichten von den Dutzend Bikern, die gemeinsam die Fahrt auf die Mittelmeerinsel unternahmen. Die Familie hielt zusammen und wir konnten uns im Studio Familie nennen. Eigentlich hätte Hollywood auf uns aufmerksam werden müssen. Wir waren alles muskelbepackte, gutaussehende Kerle. Viele mit Choppern unter dem Hintern und die Welt lag uns zu Füßen.

Wir genossen das Leben in vollen Zügen. Die Überholspur des Lebens gehörte uns.
In der Zwischenzeit freundeten Roland und ich uns richtig gut an. Roland hatte einen bemerkenswerten Charakter. Er hörte zu, war gegenüber jedem hilfsbereit und nett zu allen in seinem Umfeld. Wir verbrachten immer öfter und immer mehr unsere Freizeit zusammen. Sogar im Unternehmen waren wir auf der gleichen Schicht und trafen uns dort immer in

der Kantine. Roland war einer der älteren Bodybuilder. Mit seinen damals 40 Jahren war er genau zwölf Jahre älter und Trainings erfahrener als ich. Da ich die Schicht im Unternehmen wechselte und J in die Nachbarstadt Dorsten zog, konnten wir nicht mehr zusammen pumpen gehen. Da passte es, dass Roland und ich die gleichen Arbeitszeiten hatten und wir seitdem untrennbar waren. Nicht nur unsere Freizeit verbrachten wir zusammen, nein, jetzt suchten wir auch gemeinsam den Kraftraum des Gyms auf und trainierten unsere Körper unter der Aufsicht des jeweils anderen. Seit 1978 trainierte Roland schon und war wie ich ein Süchtiger. Nichts konnte ihn oder mich damals aufhalten unseren Olymp zu betreten. Roland konnte man mitten in der Nacht aus dem Schlaf holen, um mit ihm trainieren zu gehen.

Ich erinnere mich nicht mehr genau, aber ich glaube, dass Studio wurde von dem Besitzer wieder für uns renoviert und er schmiss nach dem Umbau eine Party. Kurz davor sah ich beim Bauchtraining durch Zufall eine Frau, die ich vorher noch nie dort gesehen habe. Ich öffnete die Tür des Kraftraumes und begab mich zu den Bauchübungen vor dem Kursraum. Ich blickte durch die inneren Fenster und sah die damals dort angestellte Trainerin mit ihr alleine trainieren. Sie studierten irgendwelche Schrittfolgen für einen Kurs ein. Mir fielen ihre langen lockigen schwarze Haare auf und ich konnte meinen Blick bei meinen Bauchübungen nicht abwenden. Einige Tage später sprach ich die Trainerin auf die Frau an und bekam einige Informationen über die Unbekannte. Zumindest ihren Namen wusste ich jetzt. B hatte sich von nun an in meinem Kopf festgesetzt. So kam es, dass ich mit Roland die Feier in unserem Studio besuchte und ich sie wiedersah. In ihrem braunen Kleid stand sie vor mir und wir unterhielten uns kurz. Nach dem Small Talk konnte ich meine Begeisterung nicht vor Roland verbergen und er nahm es mit einem Grinsen hin. Jetzt war es so,

wir befreundeten Bodybuilder gingen immer
noch an den Wochenenden aus und trafen uns in
den üblichen Lokalitäten. Dort lief mir dann
neuerdings auch B immer öfter über den Weg.
Jedes Mal unterhielten wir uns kurz und dann
ging jeder seinen eigenen Weg. Damals waren
wir Männer mit unseren antrainierten Muskeln
bei der Damenwelt beliebt und begehrt. Das
Training im Club hatte also auch noch den
Vorteil, bei dem anderen Geschlecht besser als
untrainierte Männer anzukommen. Wir hatten
gute Chancen bei den attraktiven Frauen und
lernten eine Menge davon kennen. Doch egal wie
hübsch die Frauen waren, wie viel Spaß wir
Bodybuilder beim Ausgehen hatten, das
Wichtigste war das Training in unserem Olymp.
Der Kraftraum war unser Wohnzimmer, unser
Heiligtum.
Einer der jüngeren Sportkameraden half beim
Umbau mit. Frank vorher auf der Zeche unter
Tage schulte aufgrund erfolgloser beruflicher
Zukunftsaussichten um und wurde in unserem
Studio Trainer. Jetzt gehörte einer von uns dem
Trainerstab des Gyms an. Er war derjenige, der

mich zum Schreiben dieser Zeilen animierte. Auch er praktizierte den Bodybuildingsport und wollte das Maximum aus seinen Fähigkeiten und seiner Veranlagung aus sich herausholen. Er trainierte hart an sich und hatte die Bühne im Visier.

Mit meinem späteren Trainingspartner und Freund Jürgen fand er den idealen Trainingspartner. Beide pushten sich gegenseitig zu immer besseren Leistungen und Muskelwachstum an. In der Massephase verabredeten sich die beiden zum Wettessen. Beide meinten mehr essen zu können als der Trainingspartner. So trafen sie sich in Recklinghausen und aßen beide dort in einem ansässigen Restaurant einen Pferdeklops nach dem anderen. Jürgen gewann den Wettstreit mit gefühlten zwanzig Klopse. Der Magen spielte aber beiden danach übel mit.

Als Frank die Newcomer-Meisterschaften in den Neunzigern besuchte, rechnete er sich gute Chancen aus ein Jahr später diesen Wettkampf gewinnen zu können. Doch im kommenden Jahr war die Qualität der teilnehmenden Bodybuilder so hoch, dass er dort im Kampf um den Sieg nicht mit dem Sieger konkurrieren konnte. Aber unter den 20 teilnehmenden Bodybuildern erkämpfte er sich mit guter Form einen anständigen achten Platz. Doch mit der Liebe seiner in unserem Olymp kennengelernten Frau gewann er dann doch noch einen Titel. Als Ehemann in seiner Heiratsurkunde besiegelt. Auch sein mittlerweile zwölfjähriger Sohn Paul schaut schon öfter den Großen beim Training begeistert zu. Wie viele Jugendliche vor ihm, wird auch er mit Sicherheit die Eisen in unserem Heiligtum stemmen, wenn die Zeit und sein Alter dies zulassen.

Noch heute ist Frank als Trainer im Fitnessbereich tätig und ist nach einer langen Unterbrechung nun wieder in unserem Olymp als Betreuer der Mitglieder angestellt. Frank hat aus Verbundenheit zu unserem City of Sports wieder bei uns angeheuert und ist über diese Entscheidung bis zum heutigen Zeitpunkt glücklich. Er schätzt die Anerkennung die ihm vom Boss entgegengebracht wird. Das Gefühl der Verbundenheit wie in einer Familie ließ ihn seine Entscheidung wieder in Marl anzuheuern leicht fallen. Frank gehört einfach ins City of Sports, wie der FC oder der Dom nach Kölle. Das Glück seine Leidenschaft zum Beruf gemacht zu haben, sieht man ihn immer an. Wir fuhren beide Harleys und gemeinsam unternahmen wir einige Touren. Manchmal cruiste auch der Studiobesitzer Rolf Kehren mit uns durch das Münsterland und wir genossen die uns auferlegte Freiheit. Wir fühlten uns frei, gesund und attraktiv.

Das Training im Gym hielt uns auch gesund, fit und jung. Mitglieder im höheren Alter sind fitter und wesentlich jünger aussehend als untrainierte Menschen gleichen Alters. Studiomitglieder leben auch gesünder als nichtsporttreibende Mitmenschen. Oft wurde ich nach der richtigen Ernährung von vielen Männern und Frauen außerhalb des Studios gefragt und meine Erfahrungen, die ich in Dingen der Ernährung durch das Training im Gym erlernt hatte, konnte ich dann weitergeben. Mittlerweile gibt es auch im Studio Ernährungsvorschläge und sogar die Rezepte für vitaminreiche, kalorienarme und proteinhaltige Mahlzeiten.

Roland und ich waren an einem Freitagabend zum Training verabredet. Es war der Tag nach Weiberfastnacht 1998. Einen Tag zuvor hatten wir Jungs aus dem Studio noch richtig schön gefeiert. Das Studio war an diesem Tag sehr gut besucht und der Kraftraum voll mit den bekannten Schwerathleten. Roland wartete schon auf mich und zusammen begannen wir mit dem Bankdrücken. Im Bodybuilding war es so, dass das Training immer mit dem an diesem Tag größten zu beanspruchendem Muskel beginnen sollte. Wenn der Trainierende zuerst seine kleineren Muskeln erschöpft, hat er später nicht mehr die Kraft den großen Muskel voll zu beanspruchen und reizt so den Muskel nicht voll aus. Dies hemmt das Muskelwachstum. Unser Programm sah folgende Kombinationen vor. Brust und Arme, Rücken und Schultern, Beine und Waden, dazu bei jedem zweiten Training zum Ende den Bauch trainieren. Noch heute trainiere ich nach diesem Prinzip. Obwohl es auch an die von Mutter Natur mitbekommenen Figur liegt. Je nach Typ, ob endomorph, ektomorph oder mesomorph der Körper des

Sportlers ist, schlägt der Erfolg bei gleichem Training unterschiedlich an. Deshalb sollte der Studiobesucher individuell selbst herausfinden mit welcher Art des Trainings er oder sie den größten Erfolg vorweisen kann. Während ich schon damals schwer und hart trainieren musste, brauchte Dennis bei gleichem Trainingsprogramm nur die Hanteln und Geräte angucken und sein Muskel wuchs.

Auf jeden Fall begannen Roland und ich mit unserem Training. Ich drückte gerade die Hantel nach oben, als Roland mir sagte, dass die Frau meiner Begierde sich vor einigen Minuten bei ihm über mich erkundigt hätte. Jetzt ist das Studio in mehreren Räumen auf unterschiedlichen Etagen aufgeteilt und da ich an diesem Abend noch nicht unten gewesen bin, wusste ich nichts von meiner angebeteten Schönheit. Ich ließ fast die Gewichte auf meine Brust fallen, als ich hörte was er mir gerade sagte. Ich hängte die Hantel ein und wollte sofort Genaueres erfahren. Roland erzählte mir den ganzen Wortlaut der beiden und ich war im Bilde. Am Ende des Trainings im Kraftraum bewegten wir uns nach unten in den

Ausdauerbereich und wollten das Trainingsprogramm mit den üblichen Bauchübungen beenden. Ich schritt durch die Tür und mein Blick erkannte B aus allen anderen die dort sportlich aktiv waren sofort heraus. Sie saß auf einem Ergometer und strampelte die vorgegebenen Kilometer ab. Mit einem Grinsen im Gesicht winkte ich ihr zu und spulte die Bauchübungen in Windeseile ab. B, zwischenzeitlich mit ihrer körperlichen Betätigung zum Ende gekommen, gesellte sich zu uns und wir unterhielten uns eine erstmals lange Zeit. Roland verabschiedete sich dann von uns und tauchte nach dem Duschen noch mal bei uns auf. Er war es dann auch, der einen Stift und Zettel bei sich hatte, um mir die Telefonnummer meiner Traumfrau aufzuschreiben. Wir verabredeten uns für den darauffolgenden Dienstag, wollten aber vorher noch einmal telefonieren. Wow, ich hatte gerade die Telefonnummer einer der attraktivsten und begehrtesten Frauen aus Marl bekommen und glücklich schlief ich an diesem Abend zu Hause ein. Bis Dienstag schien die Zeit von Freitag aber unendlich lang und am Samstag telefonierten wir schon. Mit Jürgen wollte ich an diesem Abend nach Essen in einem sehr angesagten Club. Wir besuchten vorher noch eine andere Feier in Marl und trafen uns dort mit Freunden aus dem Gym. Plötzlich stand B vor mir. Wir unterhielten uns angeregt und schauten uns dabei immer tiefer in die Augen. Aber nicht nur das tiefer in die Augen schauen klappte an diesem Abend. Irgendwann standen wir beide uns so nah gegenüber, dass, ich sie einfach in den Arm nahm. Zu meiner Überraschung ließ sie es zu. Wir gingen tanzen und danach etwas trinken. Und immer wieder, wenn die Möglichkeit es zuließ, nahm ich sie im Arm. Bis zu dem Zeitpunkt, als wir uns zu lange in die Augen geschaut haben. Was dann folgte, war der erste Kuss. Dieses wundervolle Gefühl werde ich mein leben lang nicht vergessen. Der Abend war gelaufen. Jürgen und ich fuhren nicht mehr nach Essen, sondern verbrachten die Nacht bis zum gemeinsamen Frühstück mit B und ihrer Bekannten zusammen in Marl. Seit diesem Abend sind B und ich ein Paar.

Ich war damals auf dem Zenit meines Erfolges.
Das Training sprang an und bescherte mir seit
Beginn ein Muskelwachstum von 28 kg.
Beruflich ging es bergauf und nun hatte ich noch
eine hübsche Frau an meiner Seite. Der liebe
Gott war mir gut zugeneigt oder war es doch
meine Motivation, mein Ehrgeiz und meine
unaufhörliche Art, nicht aufzugeben, die mir den
Erfolg bescherte? Irgendwann kommt der
Zahltag, nur wusste ich das damals noch nicht.
Nicht nur mich machte das Training in unserem
Olymp für das weibliche Geschlecht attraktiv.
Auch viele meiner Freunde, die ebenfalls dort
dem Sport nachgingen, beendeten das
Singledasein und banden sich in einer
Beziehung. Einige, wie zum Beispiel Jürgen,
heirateten später sogar.
Wir standen in Alt Marl vor dem Kirch Dom und
warteten auf das befreundete frisch getraute
Brautpaar. Ein weiterer meiner besten Freunde,
auch ein guter Bodybuilder aus dem Gym, hatte
gerade seiner Freundin das Ja-Wort gegeben, als
die Tante der Braut mir sagte, ich würde der
Nächste werden. Ich lachte über ihre Ansage und

fand den Spruch witzig. Sie hatte aber recht und im folgenden Jahr heirateten B und ich im Beisein meiner besten Studiofreude im Standesamt von Marl. Wäre das Fitnessstudio nicht gewesen, wäre ich nie mit meiner Frau zusammengekommen. Jetzt war das Studio also, damals zu Smartphone und Internet-losen Zeit, auch noch Dating Plattform geworden. 22 Jahre ist unsere Hochzeit jetzt her und wir sind wie beim Training durch Höhen und Tiefen gegangen. Haben aber alles zusammen erlebt und steuern demnächst unserer Silberhochzeit entgegen.

Wenn ich ins Studio oder woanders in unserer Stadt ohne Roland auftauchte, wurde ich sofort nach ihm gefragt. Umgekehrt war es genauso. Die Leute, die uns nicht so gut kannten, dachten wir wären Brüder. Eines Tages rief mich Roland aus seinem Urlaub in Noordwijk abends zu Hause an. Er hatte dort eine Frau kennengelernt und wollte sich beratend mit mir über sie unterhalten. Ich war froh, dass mein Bruder endlich wieder jemanden kennengelernt hatte, die ihm wirklich zusagte. Dabei konnte ich ihm nur raten sein Glück zu versuchen. Ich könnte jetzt ein ganzes weiteres Buch über seine Liebe zu ihr schreiben, doch hätte dies nichts mit unserem Olymp zu tun und deshalb mache ich es hier kurz. Zehn Jahre nach seinem Anruf heirateten die beiden und Roland war zufrieden und glücklich. Auf sein Training verzichtete Roland aber nicht. Im Gegenteil seine Ehefrau schloss sich noch vor ihrer Hochzeit dem Fitnessstudio an und trainiert bis heute dort. Auch sie wurde trotz anfänglichen kleinen Problemen zu einem Freund oder besser Freundin der Familie. Mit dem Tod meines Freundes und Bruders wurde durch die gemeinsame Trauer unsere Freundschaft gefestigter. Beide hatten wir denselben geliebten Menschen verloren und beiden fehlte Roland gewaltig. Mir fehlte der Freund und Zuhörer meiner Probleme und dessen wohlgemeinten Ratschläge. Ihr fehlte der geliebte Ehemann. Dem Olymp und dessen Familienmitglieder fehlte der nette immer hilfsbereite Kumpel. Er war plötzlich nicht mehr da und hinterließ eine nicht aufzufüllende Lücke und das nicht nur in meinem Leben. Ich erinnere mich immer wieder gerne an unsere gemeinsam verbrachte Vergangenheit. Roland konnte essen wie drei kräftige Bergmänner. Nichts blieb auf seinem Teller übrig, im Gegenteil, er aß immer noch den Rest, den ich nicht mehr schaffte. Auch seine Hilfsbereitschaft war einmalig und etwas ganz Besonderes. Er war nicht nur für mich zu jeder Tages- und Nachtzeit da. Egal wer ihn fragte, Roland half und war pünktlich da. Er konnte zuhören und gab mit seiner ruhigen Art wertvolle Ratschläge.

Silvester 1998 lud der Besitzer des City of Sports
die Mitglieder ein, den Jahreswechsel im
Thekenbereich des Studios zu feiern. Die große
Fitnessfamilie, die wir waren, traf sich dort und
feierte zusammen den letzten Tag des Jahres. B
und ich waren genauso wie Roland und seine
neue Freundin dort. Niemand stand an diesem
Abend auch nur kurz alleine da, denn
untereinander kannte man sich und wir hatten
alle Spaß miteinander. Es war das erste Silvester
von B und mir als Paar und mein letztes Neujahr
als Junggeselle. Im darauffolgenden Juni gaben
B und ich uns das Eheversprechen. Es sollte aber
auch die letzte Party in unserem Studio sein, nur
wussten wir dies damals noch nicht. Woran es
gelegen hat weiß ich nicht, nur das unsere
damalige Studio-Famele auseinanderbrach. Viele
unserer Kameraden kehrten dem Kraftsport dem
Rücken zu oder wechselten das Studio. Ich weine
noch heute den früheren Zeiten nach. Wir waren
unter dem Dach des City of Sports zu einer tollen
freundschaftlichen Gemeinschaft
zusammengewachsen. Haben im Sommer viele
Grillabende verbracht und Freundschaften

geschlossen. Im Spätsommer waren wir öfter auf die Baleareninsel Mallorca geflogen und hatten auch dort eine Menge Spaß. Leider ist dies alles die Vergangenheit. Die Gegenwart ist etwas anders. Die jetzige Generation hat den Familiensinn so wie wir ihn lebten nicht im Kopf und trainieren ohne kameradschaftliche Unterstützung im Gym. Nur wer damals wirklich dabei gewesen ist, kann das fühlen, was ich hier mit diesen Zeilen wiedergeben möchte. Natürlich sind noch einige aus der früheren Zeit im Studio angemeldet und wir sehen uns weiter als Familienmitglieder, nur ist die Familie ziemlich klein geworden.

Das Training wurde zu einer freizeitlichen Routine. Da ich jeden zweiten Tag frei hatte, bin ich mindestens an diesen freien Tagen zum Training gefahren. Das ich nicht in meinem Olymp war, gab es nicht. Die Ausnahmen waren nur Krankheiten oder der gemeinsame Urlaub mit meiner Frau. Ansonsten gehörte mein Besuch im City of Sports einfach zu meinem Leben. Morgens aufstehen, frühstücken, mit unserem Hund Samu raus und um Neun die Gewichte stemmen. Danach hatte ich dann Zeit für die anderen Dinge meines Lebens. Für das Training im Gym verzichtete ich auf vieles und vernachlässigte auch das ein oder andere. Mir war das Training immer das Wichtigste in meiner Freizeit. Ich verzichtete auf meinen Schlaf, um zum Training zu kommen. Für die Eisen im Gym vernachlässigte ich sogar meine Frau, was ich heute bedaure. Ich war ein Studiojunkie geworden. Süchtig nach dem Muskeltraining. Trotz manch einer Verletzung besuchte ich mein Olymp und betrieb so Raubbau am eigenen Körper. Dieser machte dieses exzessive Training lange mit, doch nach einem viertel Jahrhundert meldete sich dann mein Körper und konnte meinem unaufhörlichen Drang nach Muskeln nicht mehr standhalten. Ich musste zurückschrauben und zwar so weit, dass ich meine Muskelmasse trotz des jetzt angepasstem Training nicht mehr halten konnte. Zu meinem Entsetzen konnte ich nichts dagegen tun und träume seit dem, von der glorreichen Zeit, als ich für einen kurzen Moment einen Sitz der Götter im Olymp besetzen durfte. Ich vergleiche die

Trainingseinheiten immer mit meinem Auto. Beim Training habe ich immer 100 % gegeben, also bis in den roten Bereich hinein und das tagtäglich. Wenn ich mich ins Auto setze und die Pferdestärken auf den Asphalt bringe, kann ich auch mal kurz in den roten Drehzahlbereich fahren. Drücke ich das Gaspedal aber immer so weit durch, dass der Motor nur noch im roten Bereich läuft, darf ich mich nicht wundern, wenn schneller als gedacht das Auto zum Motorwechsel in die Werkstatt muss. So ist es auch mit unseren Körpern, nur das es keine Werkstatt zum Austausch unseres Körpers gibt und wir dann mit dem Defekt leben müssen.

In den Neunzigern des letzten Jahrhunderts, waren Wettkämpfe im Bankdrücken sehr angesagt. So auch bei uns in Marl und dort waren die Kraftdreikämpfer vom VFB Hüls die einmal im Jahr zur Marler Stadtmeisterschaft einluden, zu Hause. In ihrem kleinen Trainingsraum am Badeweiher luden sie jeden Gewichtheber aus Marl ein und entfachten so einen ehrgeizigen konkurrierenden Wettkampf unter den Athleten. Wochen vorher wurden schon die Konkurrenten beim Training beobachtet. Es wurde getuschelt und einem gesteckt was die Konkurrenz auf der Flachbank während des Trainings gedrückt hatte. Es ging um die Ehre und so wurde der gesunde sportliche Wettkampf schon Wochen vorher eröffnet. Jetzt sollte der Nichtinsider wissen, die Athleten vom VFB stellten jedes Jahr deutsche Meister, Europameister und sogar Weltmeister aus ihren Reihen. Trotzdem haben unsere Wettkämpfer immer gut abgeschnitten und in ihren Gewichts- und Altersklassen oft den Sieger ausgemacht.

Da gab es den Dieter in unserem Studio. Dieter erlaubte mir seinen Namen hier zu erwähnen. Er

war von Anfang an dabei. Als der Rolf Kehren
auf der Bachstraße sein erstes Gym eröffnete,
war der Dieter der erste Sportler, der durch die
Tür eintrat. Also Dieter war ein guter
Bodybuilder. Ein Besessener, der zwanzig Jahre
älter war als wir. Er trainierte nach langer
Überlegungsphase irgendwann in den
Neunzigern für den Bankdrückwettbewerb der
Marler Stadtmeisterschaft. Woche für Woche
steigerte er sich langsam, aber kontinuierlich
nach oben. Als er die 180 kg auf der Flachbank
drückte, sah er sich selbst schon als kommenden
Gewinner in seiner Gewichtsklasse. Doch wie
das Leben so spielt, kurz vor der
Stadtmeisterschaft wurde der Wettkampf
abgesagt. Ich glaube, Dieter verlor danach die
Lust und wurde nie Marler Stadtmeister im
Bankdrücken. Er hatte sowieso irgendwie das
Pech an den Füßen kleben. Dieter bereitete sich
auf seinen ersten Bühnenauftritt vor. Endlich
dem Publikum auf der Bühne den Erfolg für sein
jahrzehntelanges Training präsentieren. Sein
Body sah nach der Diät wirklich gut aus und
auch hier hatte er Erfolgschancen den Wettkampf
zu gewinnen. Doch auch hier kam es anders als

gedacht. Morgens am Wettkampftag wachte Dieter auf und war krank. Der Wettkampf fand ohne ihn statt. Dieter geht jetzt auf die 70 Lenzen zu, sieht aber mindestens 10 Jahre jünger aus und der Bodybuildingsport hat ihn noch fest im Griff. Mindestens fünfmal in der Woche sieht man ihn noch heute im Studio die Gewichte stemmen und er hat noch immer Spaß dabei.

Ich kann mich nur immer wieder wiederholen. WIR HATTEN SPASS in unserem Gym. Die Trainingsfläche war unser OLYMP. Das schwere Heben des Eisens war wie eine Befreiung nach einem unangenehmen oder stressigen Arbeitstag. Man hatte sich den Frust und Stress abtrainiert. Der Kopf wurde durch das Training wieder frei und man fühlte sich gut und entspannt. Dazu den Blick in den Spiegel, der einem den antrainierten Pump im Spiegelbild zeigte. Dieser Blick auf den Erfolg des Trainings schüttete ungemein viele Glückshormone aus und der Sportler war wieder für den nächsten Tag mit voller Energie und Leistungsbereitschaft gewappnet. Nicht nur die

Muskeln wachsen beim richtigen Training. Auch das Wohlbefinden nimmt enorm zu. Beim Training werden so viele Endorphine freigesetzt, dass der Trainierende einfach nur Glück ausstrahlen kann. Dieses Glück ist übertragbar und steckt das Umfeld an. Endorphine sind also die Magie, die uns glücklich machen.

Endorphine vertreiben trübe Gedanken und heben die Stimmung an. Es ist wissenschaftlich bewiesen, dass diese Glückshormone eine positive Wirkung auf das Gehirn des Menschen haben. Der Sportler nutzt diese Hormonausschüttung und vertreibt so den anstehenden Trübsal oder den angestauten Stress. Endorphine können aber noch mehr als das Glück zu einem bringen. Sie helfen den Körper auch durch Schmerzlinderung. Sie wirken wie eine durch den Körper selbst hergestellte Droge. In der Hypophyse und im Hypothalamus, das sind Gehirnteile, werden diese positiv wirkenden Botenstoffe hergestellt. Wie die Opiate können genügend Endorphine auch zu einem Rauschzustand beitragen und der Mensch fühlt sich high.

Im Kraftsport ist das Ziel die Leistungsgrenze immer wieder zu erreichen und danach erneut anzuheben. Mit dabei verbunden ist das Muskelwachstum. Dabei ist zu beachten, dass Training alleine nicht ausreicht, um optimale Ergebnisse zu erreichen. Genau den gleichen Anteil wie das harte Training hat die Ernährung und die einzuhaltenden Ruhephasen.

Bei der Ernährung gibt es so eine Faustregel, der Bodybuilder sollte 2 bis 3 Gramm Eiweiß pro Kilogramm Körpergewicht zu sich nehmen. Neben den Nahrungsergänzungsmitteln, die es mittlerweile sogar in jedem Supermarkt zu kaufen gibt, sollte der Kraftsportler auf tierische und pflanzliche Eiweißquellen zurückgreifen. Bevorzugte Eiweißlieferanten wären da unter anderem: Eier, Geflügel, rotes Fleisch, Fisch und Milchprodukte. Zu den pflanzlichen Eiweißlieferanten zählen: Getreideprodukte wie zum Beispiel Haferflocken, Brot, Nudeln, Ceralien und besonders wichtig die Hülsenfrüchte wie, Bohnen, Linsen, Erbsen oder Soja. Da der hohe Eiweißstoffwechsel die Leber und die Nieren zu höchst leistende Arbeit zwingt, ist es wichtig, dass der Kraftsportler sehr viel Flüssigkeit zu sich nimmt. Um die Trainingspause nicht unfreiwillig zu verlangsamen, sollte auf eine Low-Carb-Ernährung verzichtet werden. Die Ruhephase des beanspruchten Muskel sollte mindestens 48 Stunden betragen. Der Muskel wächst in der Ruhephase und erholt sich in der Zeit. Um die Muskelmasse zu erhöhen, muss der Bodybuilder immer mehr Kohlenhydrate zu sich nehmen, als er verbrennt. Da das schwere Krafttraining viele Kohlenhydrate verbrennt, ist eine genau abgewogene Ernährung besonders wichtig. Ich weiß nicht wie viele Hähnchen und Puten ich bisher verdrückt habe, aber ich glaube für mich wurde eigens eine Hühnerfarm gehalten. Hähnchenfleisch gehörte wie die Luft zum Atmen einfach zu meinem Leben. Dazu viel Reis oder Nudeln. Meine Frau und Tochter konnten keinen Reis und kein Hähnchen mehr sehen, geschweige denn essen. Darauf nahm ich keine Rücksicht. Bei mir gehörte die Hähnchenbrust auf dem Mittagstisch. Mein Training beeinflusste auch meinen Tagesablauf. Morgens im Gym die Eisen stemmen und nach dem Duschen auf dem

Weg nach Hause bei den Lebensmittelläden zum Einkaufen anhalten. An der Fleischtheke ein Kilogramm Geflügelbrust ordern. In der Gemüseabteilung Paprika und Zwiebeln. Am heimischen Herd dann die Hähnchen- oder Putenbrust in der Pfanne anbraten und später das Gemüse dazu geben. Den Basmatireis fertig machen und in der Pfanne für den Geschmack ein wenig Gemüsebouillon unterrühren. Das war zum Beispiel eine Mittagsmahlzeit die in meiner Küche oft genug angefertigt wurde. Wer Bodybuilding betreibt, den muss klar sein, dass er oder sie auch die Küchenarbeit auf sich nehmen muss.

Noch wichtiger als das Training und die Ernährung ist die Geduld, die ein Neueinsteiger, aber auch der schon lange Zeit trainierende Bodybuilder haben muss. Das Muskelwachstum und damit der Erfolg beim Training lässt sich zeitlich nicht bestimmen. Jeder Mensch ist anders und so benötigt auch der Muskel für sein Wachstum unterschiedliche Zeit. Niemand sollte mit der Vorstellung ins Fitnessstudio gehen, nach drei Wochen enorm an Muskelmasse zugelegt zu haben. Der Weg ist steinig und lang. Harte Arbeit wird dem wirklich ambitionierten Einsteiger abverlangt werden. Schmerzen und Muskelkater werden oft ein ständiger Begleiter sein, doch dieser Schmerz wird positiv wirken. Am Anfang muss der Körper sich erst einmal an das Training und seine vorher nicht gewohnte Belastung gewöhnen. Diese Prozedur dauert ein paar Wochen, doch dann setzt der Erfolg ein. Der gesunde Muskel fängt unter der ständigen Trainingsbelastung an zu wachsen. Jeder Neueinsteiger des Kraftsports sollte sich einmal beim Metzger ein 5 Kilogramm schweres Fleischstück zeigen lassen, dann erst versteht er wie viel Volumen diese Fleischmasse und er bei der selben Gewichtszunahme an Muskeln aufgebaut hat. Ich meine 5 Kilogramm in einem Jahr an Muskelwachstum durch den Bodybuildingsport zu erreichen ist eine saubere und gute Einschätzung. Natürlich geht es später, Jahre nach dem Einstieg in dem Olymp nicht mehr so rasant weiter wie es dem Sportler am Anfang seiner Zeit gelang. Der erfahrende Bodybuilder wird hart an sich arbeiten müssen und kämpft täglich in seinem Gym um die Form zu halten. Irgendwann ist der Körper ausgereizt und dann trainiert der Sportler weiter genauso hart wie vorher, baut aber keine Muskelmasse mehr auf. Das ist der Zeitpunkt, an dem der Bodybuilder nur noch um die Muskeln zu halten die Gewichte stemmt. Wenn dieser Zeitpunkt gekommen ist, hat der körperbezogene Sportkamerad seinen Höhepunkt und somit seinen Sitz im Olymp erreicht. Er gehört jetzt zu den Göttern in seinem persönlichen Olymp.

Wir trainierten hart und pumpten die Muskeln während der Übungen auf. Das Volumen nahm zu und wir bestaunten unseren Fortschritt in einen der vielen an den Wänden hängenden Spiegeln. Es war schön mit anzusehen, wie die Sportkameraden im Muskelshirt ihre Muskelberge selbst bestaunten. Ich selbst machte mich erst im Sweater warm, pumpte einige Sätze und zog dann, als ich mein Muskelvolumen etwas vergrößert meinte, meinen Sweater aus. Von weitem bestaunte ich mich selbst. Ich hatte aber das Gefühl, die Spiegel an den Studiowänden hatten einen Lupeneffekt und vergrößerten das Spiegelbild zu unseren Gunsten etwas. Im Muskelshirt trainierte ich dann weiter und fühlte mich unwahrscheinlich gut. Bis der Tag kam, als im Gym neue Regeln aufgestellt wurden. Plötzlich war es verboten im Muskelshirt zu trainieren. Der Mann hatte dort nun ein Oberteil zu tragen, dass mindestens bis zum Oberarm reichte. Vorbei war das Bestaunen der Mittrainierenden oder sich selbst. Niemand verstand die neue Regel, doch anscheinend war der Anblick muskelbepackter Bodybuilder nicht für jedes Mitglied schön anzusehen und es gab Beschwerden. Dabei trainierten wir doch im Kraftraum. Ein solches Verbot im Ausdauer- oder Vitalbereich hätten wir ja noch verstanden, aber ein generelles Verbot verstand niemand. Zudem die Frauen weiterhin leicht bekleidet dort im Gegensatz zu den Männern trainieren durften. Natürlich sind Frauen schön anzusehen, aber wo bleibt da die Gleichberechtigung? Rolf Kehren, der Studioboss mit seinen immer wieder visionären Ideen und damit zukunftsweisend, sollte diese Regel, zumindest im Kraftbereich wieder ändern. Viel wichtiger wäre das Verbot von Handys im Trainingsbereich oder die

Rudelbildung vor irgendwelchen Geräten. Er fragte mich mal, warum die trainierenden Mitglieder die Gewichte nicht wieder ordnungsgemäß aufräumen. Meine Antwort war ganz einfach. Das Studio war früher in meiner Generation unser Wohnzimmer, also ein heiliger Raum. Dieses Heiligtum hegten und pflegten wir, als wenn es unser eigen wäre. Es war einfach unser Olymp. Die jetzige Generation hat dieses Einverständnis nicht. Durch die vielen Low-Budget-Fitnessstudios, wo es keinen Menschen interessiert, wie die Mitglieder sich im Trainingsbereich benehmen, lassen diese Sportler aus Bequemlichkeit nach Gebrauch alles stehen und liegen. Im City of Sports müssten vielleicht ein oder zweimal Exempel praktiziert und diejenigen, die meinen sich nicht benehmen zu müssen, einfach wieder vor die Tür gesetzt werden. Ich glaube, dann würde den anderen ein Licht aufgehen und sie sich ordnungsgemäß verhalten.

Ein weiteres Thema was ich für wichtig halte, ist das Muskelschocken. Die Wissenschaftler und Experten diskutieren über das Thema und sind sich bisher nicht einig. Ich spreche jetzt hier einfach in meiner Sprache und aus meiner Erfahrung das aus, was wissenschaftlich nicht bewiesen ist. Muscle shocking sollte meines Erachtens in jedem Trainingsplan eingebaut werden. Die progressive Überlastung eines Muskels lässt diesen anwachsen. Damit der Muskel sich immer wieder neuen Reizen anpassen muss, sollte der jeweilige Zielmuskel sich nicht irgendwann dem Training anpassen. Das heißt, der Muskel gewöhnt sich an den Ablauf und wird nicht mehr so gereizt, dass es zum Muskelwachstum ausreicht. Deshalb ist es wichtig das Trainingsprogramm zu variieren und flexibel zu gestalten. Die Grundübungen, wie zum Beispiel das Bankdrücken für das Brusttraining bleiben dabei aber unangetastet. Doch die Trainingseinheiten sollten so gestaltet sein, dass Abwechslungen bei den Übungen eingebaut werden. Wechselt also eure Übungen und nehmt immer wieder andere Geräte oder Freiübungen in euren Trainingseinheiten auf und tauscht diese alle paar Monate aus. Was aus meiner Erfahrung auch für einen Trainingserfolg spricht, ist den Muskel insoweit zu schocken, dass dieser ab und zu mal aus der Ruhephase geweckt wird. Jetzt habe ich ein paar Zeilen vorher geschrieben, dass der trainierte Muskel 48 Stunden Ruhe benötigt, um sich zu erholen und zu wachsen. Das ist auch richtig so und sollte beibehalten werden. Doch einige male im Jahr habe ich den Muskel geweckt und somit geschockt. Ich habe dann nämlich direkt am anderen Tag den gleichen Muskel trainiert und ihm so einem neuen Reiz unterstellt. Dieses Shocking darf man aber nicht übertreiben sonst kann der Schuss auch nach hinten losgehen. Der zu trainierende Muskel wird praktisch gezwungen in den Überlastungsbereich zu gehen und wird so aus seinem Anpassungsschlaf gerissen. Wie gesagt, wissenschaftlich gibt es darüber keinen eindeutigen Beweis, aber meine Erfahrungen waren positiv und wie schon hier beschrieben, durch positives Denken kann der Mensch auch Positives erreichen.

Wann erreicht der Bodybuilder seinen Zenit und damit seinen persönlichen Sitz bei den Göttern im Olymp? Meine Erfahrung mit mir selbst und den vielen Bekannten in den unterschiedlichen Fitnessstudios sagen mir, dass der perfekte Einstieg in den Sport in jungen Jahren am Anfang des Erwachsenenalters ist. Mit hartem sauberen Training, der richtigen Ernährung und vor allem den unbedingten Willen, erreicht der Bodybuilder dann mit etwa 30 Jahren seinen Höhepunkt. Jetzt gibt es natürlich junge Sportler, die mit 25 Jahren oder andere die mit 35 Jahren ihre Leistungsgrenze erreichen. Doch im Schnitt ist der Körper eines Bodybuilders mit 30 Jahren am perfektestem. Danach beginnt der Stoffwechsel sich umzustellen und das Training wird härter und anstrengender, um die Form zu halten oder noch zu verbessern. Natürlich schafft der hart Trainierende auch noch in späteren Jahren seinen Körper zu perfektionieren, doch es gelingt ihm nicht mehr mit der Leichtigkeit der Jugend. Ein vierzigjähriger Bodybuilder wird nicht mehr die Erfolge beim Training hervorrufen können, die er zehn Jahre zuvor noch mit weniger Anstrengungen erreicht hat.

Mit fünfzig Jahren sieht es dann noch ganz anders aus. Der Erfolg von damals wird nicht mehr erreicht werden. Mutter Natur lässt das einfach nicht mehr zu. Trotzdem kann ein Bodybuilder mit fünfzig Jahren noch einen sehr gut durchtrainierten Körper und Gesundheitszustand besitzen. Der jahrelang Trainierende wird immer in einen physisch besseren Zustand besitzen, als ein untrainierter Mensch. Die Optik im Vergleich belohnt ihn dann für die jahrzehntelangen Mühen seinem Sport treu geblieben zu sein. Die Muskeln werden den Vergleich mit einem Dreißigjährigen zwar nicht standhalten, doch in derselben Altersklasse liegt der Fitnesssportler immer über den normalen Durchschnitt eines Nichtkraftsportlers. Auch wenn der beste Beginn für den Bodybuildingsport das Alter eines jungen Erwachsenen ist, kann jeder Mensch, egal in welchem Alter er sich befindet, mit diesem Sport beginnen und durch seinen eisernen Willen und konsequentem Training Erfolge erreichen. Auch hier kann ich mit ihrer Erlaubnis Marlies benennen. Marlies trainierte schon jahrelang vor sich hin, ohne irgendwelche Ambitionen zu haben. Doch auf einmal mit 50 Jahren wollte sie an Wettkämpfen im Bankdrücken teilnehmen. Ein erfahrender ehemaliger mehrfacher deutscher Meister im Rentenalter nahm sie unter seiner Trainingsaufsicht. Marlies trainierte hart und wurde belohnt. In den nächsten Jahren wurde sie nicht nur mehrere Male deutsche Meisterin in ihrer Gewichts- und Altersklasse, sie durfte sich auch Europameisterin und Vizeweltmeisterin nennen. Dieses Beispiel zeigt uns, dass jeder Sporttreibende auch in einem nicht mehr jugendlichem Alter mit hartem Training und den unbedingten Willen Erfolge erzielen kann.

Ein weiterer guter Athlet war der Jens. Jens war etwa zehn Jahre jünger als ich, hatte aber von Geburt an gutes Potenzial vom lieben Gott mit auf dem Weg in sein Leben mitbekommen. Jens hatte etwas wie der Hollywood-Schauspieler Sylvester Stalone. Deshalb hieß er bei Jürgen und mir nur Rocky. Ab und zu trafen wir uns bei ihm in seinem Elternhaus und spielten zu viert an der Playstation Fußball. Aber deswegen erwähne ich Rocky nicht. Irgendwann einmal bereitete er sich für seinen ersten Wettkampf vor. Rocky wollte in Thüringen glaube ich an einem Natural-Bodybuilding-Wettkampf teilnehmen. Er trainierte hart und sah nach der Diätphase ziemlich trocken und definiert aus. Rocky sah sowieso immer gut durchtrainiert aus. Er zog sogar meine neidvollen Blicke auf sich und er schien es auch zu genießen. Jens startete mit einem Körpergewicht von 88 kg und nahm die Reise in den Ostteil der Republik auf sich. Das Besondere an diesem Wettkampf war, dass jeder Starter einen Tag vorher einen Test am Lügendetektor absolvieren musste. Am anderen Tag standen nur Athleten auf der Bühne, die den Test bestanden hatten. Jens ließ sich überreden in der höheren Gewichtsklasse zu starten und konkurrierte mit Sportlern, die zehn Kilogramm mehr an Muskeln in den Wettkampf brachten. Am Ende wurde es für unseren Freund die deutsche Vizemeisterschaft und er war zufrieden mit seiner Leistung. Der einzige Wermutstropfen bei dieser Veranstaltung war die, hätte er in seiner Gewichtsklasse den Wettbewerb bestritten, wäre er wohl als Sieger von der Bühne gegangen.

Auch ich bekam zu meinen besten Zeiten, als ich um die 30 Jahre alt war, viel Lob. Viele andere Sportler sahen mich zu meiner eigenen Verwunderung als Vorbild an. Ich wurde oft nach dem richtigen Training gefragt und gab gerne die Antworten. Doch den eigentlichen Ritterschlag bekam ich aus dem Mund des eigentlichen Machers unseres Olymps. Es war an einem warmen Sommerabend. Der Kraftraum bis zum Bersten mit trainierenden Bodybuildern gefüllt. Die Spiegel an den Studiowänden zeigten einen schöneren Körper neben den anderen. Die Muskelshirts hoben die aufgepumpten Muskeln noch hervor. Nachdem ich an diesem Abend meine Brust schon trainiert hatte, stand ich am Kabelzug und praktizierte die Übung für den Trizeps. Plötzlich hörte ich aus einiger Entfernung die Stimme des Studioeigners durch den Trainingsraum fliegen. Rolf Kehren, der absolute Qualitätsfanatiker, rief mir zu, wow schaut euch diesen Bizeps mal an. Ich trainierte zwar die andere Seite meines Oberarmes, doch dieses Lob von höchster Stelle nahm ich als mein persönlichen Ritterschlag gerne entgegen.

Es gab einen ähnlichen Fall ein weiteres Mal. Frank, Rolf und ich cruisten mit unseren Harleys durch das Münsterland. Irgendwann, an einem bekannten Bikertreff hielten wir an und bestellten etwas zu trinken. Da wir an einem warmen Tag in der Sonne saßen, zog ich meine Lederjacke aus. Ich hatte mein ärmelloses Hemd von Harley Davidson an und wieder machte mein Bizeps auf ihn einen besonderen Eindruck. Rolf sah Frank an und gab die Bemerkung ab, dass ich jetzt meinen Joker ausspielen würde. Solche Lobe von einem wirklichen Experten machten mich glücklich und waren das Ergebnis jahrelanger Schufterei mit dem Eisen in unserem Olymp. Um diese Anerkennung von anderen Mitmenschen zu bekommen, gehören Fleiß, Disziplin und unaufhörliche Motivation beim Training dazu. Nie in meinem Leben vor dem Bodybuilding, habe ich davon zu träumen gewagt, überhaupt annähernd irgendwann einmal zu solch einer Ehre zu kommen. Aber es gab und gibt auch für mich heute, nach 33 Jahren Training, bei nicht korrekter Anwendung der Fitnessgeräte den einen oder anderen Rüffel vom Boss. Rolf Kehren ist ein Perfektionist und er möchte auch, dass seine Mitglieder dieser Perfektion nachkommen. Ich selbst habe dies auch schon zu spüren bekommen, wenn ich unter seinem strengen Blick nicht sauber trainiert habe. Zu oft lässt man sich ablenken und ist nicht mehr mit der vollen Konzentration bei seiner Übung. Passiert mir leider auch oft und dann bin ich froh, wenn mich jemand darauf aufmerksam macht. Also nicht sauer oder beleidigt sein sollte es mal zu einem konstruktiven Kommentar kommen, sondern Dankbarkeit zeigen. Denn die beste Kritik lässt die Muskeln in diesem Fall besser wachsen.

Um die Muskeln überhaupt aufzubauen und den Körper dadurch zu modellieren reicht das Training und die Ernährung alleine nicht aus. Wie schon erwähnt, ist eine positive Einstellung eine Grundvoraussetzungen für bessere Leistungen. Es ist aber nicht immer einfach motiviert und gedanklich positiv eingestellt zu sein. Denn beim jahrzehntelangem Training melden sich auch Rückschläge. Sie kommen fast immer zu einem Zeitpunkt an denen der Sportler nicht damit rechnet. Da quält man sich unendliche Zeit und unzählige Trainingseinheiten ab, erreicht vielleicht sogar persönliche Rekorde und dann passiert, womit niemand rechnet. Muskelfaserriss oder Meniskusschaden der einem wochenlang mit dem Beintraining aussetzen lässt. Bei mir waren es zuerst die Lendenwirbel, die sich irgendwann negativ meldeten. Auch mit der Schulter oder den Ellenbogen hatte ich schmerzliche Erfahrungen machen müssen. Diese Verletzungen werfen den Kraftsportler wie jeden anderen sporttreibenden Menschen wieder zurück. Das ist der Punkt, an dem es schwerfällt sich so zu motivieren, dass man sich wieder an die Leistung vor der Verletzung herankämpfen muss. Zuerst fällt man mental in ein kleines Loch, doch wenn der Geist in Ordnung ist und der eiserne Wille einem gut zuredet, schafft der wirklich besessene Kraftsportler sich durch positive Gedanken selbst aus dem Leistungstief herauszuholen. So und nur so gilt es Rückschläge hinzunehmen und diese durch hartes Training wieder auszugleichen. Das Hinnehmen und das Verarbeiten von Rückschlägen gehört zum Leben wie auch im Sport einfach dazu. Macht es uns nicht stärker und auch glücklicher, wenn wir den Gegner Rückschlag nicht selbst durch unseren eigenen Kampf besiegen? Nicht das Handtuch in die Ecke zu werfen unterscheidet den guten Sportler von einem vielleicht talentierten, aber motivationslosen Kameraden. Rückschläge sind dafür da, um nicht liegenzubleiben, sondern aufzustehen, die Ärmel hochzukrempeln und den Kampf von vorne zu beginnen. Der Erfolg wird sich dann wieder einstellen und glücklich machen.

Der härteste Rückschlag, den ich zu verarbeiten hatte oder besser gesagt in meinem ganzen noch vorhandenen Leben tagtäglich verarbeiten muss, habe ich im Frühjahr 2016 diagnostiziert bekommen. Als gefühlt kerngesund und vor Kraft strotzend bin ich damals in die Praxis meiner Neurologin gegangen. Nach unzähligen Untersuchungen bin ich dann irgendwann in der Universitätsklinik Essen gelandet. Dort wurde ein DAT-Scan mit mir gemacht. Dieses ist eine nuklearmedizinische Untersuchung, ähnlich einem MRT. Dabei wird der Botenstoff Dopamin im Gehirn sichtbar gemacht und die Schwere der Degeneration dargestellt. Das Ziel dieser Untersuchung war, Informationen über die Ursache einer bestehenden oder verdächtigten Bewegungsstörung zu bekommen. Zuerst wird durch Verabreichung von Irenat-Tropfen kurzzeitig die Schilddrüse blockiert. Das ist nötig, damit sich die injizierte DaTSCAN™-Substanz nicht in der Schilddrüse anreichert. Etwa eine Stunde später spritzt der Arzt eine geringe Menge radioaktiv markierter Substanz (Jod-123- FP-CIT oder Jod-123-ß-CIT) in eine Armvene. Diese Substanz reichert sich im Laufe mehrerer Stunden spezifisch im sogenannten Striatum (Teil der Basalganglien) an. 5 Stunden nach der Injektion hat sich das Radionuklid optimal angereichert. Während der Untersuchung von einer Stunde muss der Patient möglichst ruhig auf der Untersuchungsplattform liegen. Es werden dabei spezielle tomographische SPECT-Aufnahmen des Kopfes mit einer sogenannten

Gammakamera aufgezeichnet, die sich dabei immer wieder langsam um den Kopf des Patienten dreht. Als ich die ganze Prozedur hinter mir hatte und ich weinend durch den Ausgang das Klinikgebäude verließ, saß meine Frau auf einer Bank gegenüber und wartete schon seit Stunden auf mich. Ich sah ihren fragenden Blick und sprach die schlimmsten Worte meines Lebens aus. Diese beiden Worte verfolgen mich nun für den Rest meines Lebens. MORBUS TREMOR oder besser bekannt als Parkinson. Diese unheilbare, immer weiter fortschreitende Krankheit ist nun mein ständiger Begleiter. Warum schreibe ich dies hier in diesem Buch über mein Olymp? Ich möchte den Leser damit zeigen, dass ich nicht nur über Rückschläge schreiben, sondern selber mit knallharten Rückschlägen leben muss. Trotzdem besuche ich weiterhin mein Olymp und gebe den Kampf mit dem Eisen nicht auf.

Ich habe aber auch viele wirklich gute und ambitionierte Bodybuilder gesehen, denen der positive Gedanke fehlte. Sie standen nicht wieder auf und kehrten ihrem eigentlichen Olymp für immer den Rücken. Sich durch Rückschläge nicht so beeinflussen zu lassen, dass man ans aufgeben denkt, sollte mental geübt werden. So nimmt die Qualität der aufgebauten Muskeln wieder zu oder bleibt erhalten.

Es kam die Zeit, als immer mehr Bodybuilder dem Sport den Rücken zuwendeten und sich von dem Bodybuilding verabschiedeten. Das Publikum änderte sich und bekam ganz langsam, aber schleichend ein neues Gesicht. Immer weniger Schwerathleten waren im Kraftraum zu sehen und der Cardio- und Ausdauerbereich waren auf einmal angesagt. Die Veränderung vollzog sich über einige Jahre, doch war sie zu meinem Leidwesen unaufhaltsam. Die Menschen hatten ihre Götter verloren. Arnold Schwarzenegger war kein Vorbild der Jugend mehr. Er selbst wurde im Jahr 2003 der 38. Gouverneur des Staates Kalifornien und wurde fünf Jahre später von den Bürgern noch einmal in seinem Amt bestätigt. Es war ruhiger um den Bodybuildingsport geworden. Der Olymp war von Wolken behangen und aus dem Tal nicht mehr zu sehen. Es kamen Gerüchte auf. Der Studiobesitzer wollte zeitgemäß bleiben und kündigte einen gewaltigen Umbau an. Der kostenintensive und nur noch wenig benutzte Saunabereich sollte zum Ärger der vor allem älteren Mitgliedern geschlossen werden. Der Kraftraum sollte auch umgestaltet werden. Weg von der Schwerathletik und hin zum figur- und gesundheitsbewußtem Trainingsraum. Die wirklich schweren Gewichte sollten verschwinden und mit ihnen die Flachbänke, die Kniebeugestange und viele Geräte, die von den Schwerathleten benutzt werden. Es sollte nur noch ein kleiner Bereich für die letzten verbliebenen Bodybuilder, mit einigen Geräten bleiben. Ich wollte den Gerüchten nicht glauben oder überhaupt Gehör verschaffen. Ich war allerdings ein wenig beunruhigt, denn Gerüchte entstehen nicht einfach so und stammen oft aus der Realität.

Beim Training traf ich den Architekten der Gerüchte, die zur Wahrheit wurden. Ich kannte den Besitzer des Gyms natürlich schon mehrere Jahrzehnte und sprach ihn einfach auf das

Gehörte an. Es war ein längeres Gespräch und bestätigte mir, dass von mir aufgenommene Gerücht. Es war also alles wahr. Um das Studio wieder attraktiv und lukrativ zu machen, wollte der Besitzer die damals 7 bis 8 Prozent fitnesstreibenden Sportler ins Studio locken und sich von den 0,3 Prozent der Schwerathleten verabschieden. Jetzt war ich nie ein Schwerathlet, machte aber trotzdem als Bodybuilder meinen Sport und diese jahrzehntelange Plattform meines Lebens, sollte nun verschwinden. Der Bagger ebnete gerade den Stefani-Gipfel, den Sitz von Zeus platt. Meinen Olymp sollte es so wie ich ihn kannte und gelebt habe nicht mehr geben. Mein zu Hause, meine Familie und alle Freunde sollten sich in Luft auflösen. Kein gemeinschaftliches Training oder keinen Spaß während der Trainingseinheiten mehr haben.

Kurz danach wurde der Kraftraum für die Umbauarbeiten gesperrt und den Mitgliedern stand nur noch ein kleiner Trainingsplatz im Gesundheitsbereich zur Verfügung. Niemand wusste wie lange die Umgestaltung des Studios dauern würde und so suchten die übriggebliebenen Bodybuilder nach anderen Alternativen. Meine Sportkameraden, meine Bekannten und Freunde verließen den Olymp und die Gipfel der Götter waren plötzlich verwaist. Walhalla, die Halle der Krieger und Kämpfer war innerhalb weniger Wochen leer. Die Bodybuilding betreibenden Studiomitglieder schlossen sich anderen Fitnessstudios in der näheren Umgebung an und verließen das Gym endgültig. Auch Roland und ich berieten die nächsten zu unternehmenden Schritte. Wir fuhren durch die Gegend, besuchten in den Städten um Marl herum viele der dort ansässigen Fitnessstudios. Doch egal, wo wir zur Probe trainierten, mit unserem Gym konnte es kein anderes Studio aufnehmen. Als es dann auch noch wegen des kleinen Angebotes der Übungsgeräte Ärger mit den kursteilnehmenden Damen gab, beschloss ich, zwar nicht zu kündigen, aber trotzdem für die eingeschränkte Zeit ein anderen Gym aufzusuchen. Während Roland noch überlegte, schloss ich mich einem anderen Fitnessstudio mit Kraftbereich an. Das Gym gehörte einer Fitnesskette an und war in unserer Nachbarstadt in Recklinghausen ansässig. Also musste ich ab sofort eine doppelt so lange Wegstrecke wie bisher auf mich nehmen und wusste schon nach der ersten Fahrt dorthin, dass dies keine Dauerlösung für mich war. Ich lief am ersten Tag dort auf und fühlte mich wieder alleine. Ich hatte Heimweh nach meinem Olymp. Dennoch war es mir wichtig meinen Körper fit und mit Muskelvolumen zu halten und deshalb gab es keine andere Alternative, als das Training jetzt in dem neuen Studio durchzuziehen. Beim zweiten Training begleitet mich mein Freund Roland noch ins neue Studio zum Probetraining und zusammen trainierten wir an diesem Tag unter anderem die Brustmuskeln. Da wir durch den Umbau im City of Sports schon einige Wochen kein Flachbankdrücken mehr praktiziert hatten, waren wir natürlich besonders motiviert wieder unter der Langhantel auf der Bank zu liegen. Wir überlegten gar nicht groß, sondern packten die Gewichte wie vorher auf die Hantel und drückten diese in den Himmel. Natürlich fehlte uns die Kraft durch die längere Zwangspause auf der Flachbank, aber wir fühlten uns gut und feuerten uns gegenseitig an. Ich bekam noch am selben Abend die Quittung. Im Bett auf dem Rücken liegend bekam ich plötzlich keine Luft mehr und mein ganzer Oberkörper schmerzte. Wie ein Anfänger habe ich mich beim Training verleiten lassen und habe unbedacht mit viel zu großem Gewicht meine Trainingseinheit absolviert. Deshalb von hier wieder ein gut gemeinter Ratschlag. Trainiert bitte nach einer längeren Pause bedacht und passt das Trainingsgewicht der Pausenlänge an.

Die Geräte dort waren o.k. aber nicht von der Qualität wie ich es gewohnt war. Die freien Übungen konnte ich natürlich genau wie in meinem Olymp praktizieren. Ich schaute mich in den ersten Tagen dort um und hoffte der Umbau des City of Sports würde schnell vonstattengehen. Ich wollte wieder in meinem Wohnzimmer trainieren.
Nach ungefähr zwei Wochen sah ich auf der Trainingsfläche den ersten weiteren Bekannten aus unserem Marler Studio dort trainieren. Ich war froh ein bekanntes Gesicht zu sehen und

fühlte mich nicht mehr ganz alleine. Ein paar Tage später lief ein Freund aus unserem Olymp dort auf. Er war nun auch Mitglied in Recklinghausen und begrüßte mich lächelnd mit Handschlag und einer Umarmung. Ungefähr 4 Wochen nach meiner Neuanmeldung waren etwa 15 Mitglieder aus dem alten Gym hier in Recklinghausen angemeldet und ich durfte wieder unter Freunden trainieren. In der Zwischenzeit lernte ich auch den einen und anderen neuen Bodybuilder kennen, doch heimisch wurde ich trotzdem irgendwie nicht. Ein Jahr dauerte es bis ich Roland dazu hatte, sich auch dort anzumelden. Ein Ende des Umbaus in unserem Olymp war noch nicht abzusehen und so hatte ich meinen Bruder und Trainingspartner wieder an meiner Seite. Mit Roland meldete sich auch meine Frau in Recklinghausen an und benutzte dort die Apparate und Maschinen, um fit zu bleiben. Ab und zu ging ich aber auch noch in meinem alten Studio trainieren. In dem Gesundheitsbereich konnte ich meine Beine noch gut trainieren und nutzte die Möglichkeit öfter aus. Die Monate vergingen und aus dem eigentlich geplanten kurzen Intermezzo wurden zweieinhalb Jahre. So lange trainierte ich in Recklinghausen.

Irgendwann aber verabschiedete ich mich dort von den alten und neuen Sportkameraden. Ich wollte wieder zurück in meinem Wohnzimmer. Dort fühlte ich mich wohl und da war ich zu Hause.

Der Umbau war abgeschlossen und das Studio erstrahlte im neuen Glanz. Unser Gym wurde wieder zum Vorzeigestudio und war optisch unschlagbar. Eines Morgens, einen Tag vor der offiziellen Eröffnung betrat ich den Gesundheitsraum, um meine Übungen dort zu absolvieren. Nach Recklinghausen konnte ich ja nicht mehr. Durch Zufall lief mir der Besitzer des Gyms über den Weg und stolz präsentierte er mir die neuen Bereiche. Jetzt waren die neuen Bereiche noch nicht freigegeben, doch er sah wohl den Glanz in meinen Augen und hatte Mitleid mit mir. Da ich ja ein erfahrender Sportler in seinem Studio gewesen bin, erlaubte er mir unter Stillschweigen, die neuen Geräte auszuprobieren und einzuweihen. Ich traute meinen Ohren nicht, nahm das Angebot aber

dankend an und lag sofort auf der Flachbank, um mit dem intensiven Brusttraining zu beginnen.
Jetzt war es so. Die anderen Angestellten wussten nichts von meiner Erlaubnis die neuen Geräte benutzen zu dürfen und zuerst erklärte mir die Tochter des Hauses ich hätte hier noch nichts zu suchen. Ich gab ihr die gleiche Antwort, wie ein paar Minuten später, meinen Kumpel und Trainer Frank. Ich würde niemals ohne Erlaubnis hier trainieren, waren meine Worte und machte mit den Übungen weiter. Ein paar Tage später sagte der Inhaber mir, ich hätte ihn verraten, dabei habe ich doch niemanden erzählt, wer mir die Erlaubnis vorzeitig trainieren zu dürfen gegeben hatte.
So schön das neu ausgestattete Studio auch war. So glücklich ich gewesen bin, wieder in meinem Olymp trainieren zu können. Einen Wermutstropfen hatte das Ganze aber. Es durften sich keine richtigen Bodybuilder mehr anmelden. Das Konzept sah so aus, dass dieses neue Gym nur für figur- und gesundheitsbewusste Sportler die Toren öffnete. Mir fehlten meine Bekannten und Freunde. Einige konnte ich überreden wieder

zurückzukommen, doch der Großteil blieb der alten Heimat für immer fern. Das Publikum hatte sich verändert. Die große frühere Familie hatte sich aufgelöst und in alle Himmelsrichtungen verteilt. Nie wieder ist das Gefühl der großen Bodybuildingfamilie bei mir noch mal aufgekommen.

Der zweite negative Punkt war der, dass der Saunabereich geschlossen blieb. Viele Mitglieder, vor allem die Rentner vermissten die Sauna und hofften Jahr für Jahr auf die Wiedereröffnung des Sauna- und Ruhebereiches. Obwohl das neue Studio nach außen und innen hin glänzte, war nicht alles Gold was strahlte. Roland und ich ließen uns aber durch nichts stören und trainierten wieder in unserer Stätte der Götter. Arnold Schwarzenegger war weiter unser Vorbild und die anderen interessierten uns nicht. Trotzdem kamen nach und nach auch wieder einige alte Kameraden zurück und die Freude des Wiedersehens war jedes Mal groß und ehrlich. Jetzt ist aber in der Zeit der Renovierung etwas passiert, dass mir den Boden unter den Füßen wegzog. Bei einer Routineuntersuchung beim Zahnarzt entdeckte der behandelnde Arzt etwas bei Roland und schickte ihm zum Kieferchirurgen. Beunruhigt nahm Roland den Termin wahr und auch der Kieferchirurg schickte Roland weiter ins Krankenhaus nach Recklinghausen. Dort wurde meinem Bruder und Trainingspartner eine Gewebeprobe entnommen und eine Zellveränderung festgestellt. Roland konnte nie mit dem Rauchen aufhören. Nach dieser Nachricht steckte er sich nie wieder mehr einen Glimmstängel an. Das beweist mal wieder, rauchen ist reine Kopfsache und keine körperliche Abhängigkeit. Von diesem Moment an musste Roland alle halbe Jahr zur Gewebeentnahme ins Krankenhaus und wartete jedes Mal mit unruhigem Gefühl auf das Ergebnis. Es kam der Tag, an dem mein Bruder Bescheid bekam, dass die Fläche der Zellveränderung sich vergrößert hatte und er nun alle drei Monate die schmerzliche Prozedur der Gewebeprobenahme über sich ergehen lassen musste. Es dauerte auch nicht mehr lange und die Ärzte erwischten die richtige Stelle. Die Diagnose war erschütternd, einem Erdbeben oder einem persönlichen Atomkrieg gleich. Wie seinem Vater und später auch seiner Mutter erwischte der Krebs nun auch ihn. Mund- und Rachenkrebs lautete das Urteil. Ein Schock für ihn selbst, seiner Frau und auch für mich und alle anderen Verwandten und Bekannten. Nun begann sein ungleicher Kampf gegen den heimtückischen Angreifer. Voller Hoffnung auf den Fortschritt und die operierenden Ärzte legte sich Roland auf den Operationstisch und ließ sich den Krebs herausschneiden. Von einem Ohrläppchen zum anderen schnitten die Chirurgen ihm den Hals auf und holten vermeintlich den Krebs aus seinem Rachen. Roland war ein Bodybuilder durch und durch. 180 cm groß und 90 kg schwer fehlte ihm der Kraftsport. Er wollte pumpen und rief mich an. Am darauffolgenden Tag besuchte ich ihn und übergab Roland einen Satz Kurzhanteln. Er konnte nun am Krankenbett mit den Gewichten trainieren. Im Krankenhaus hielten sie ihn alle für verrückt. Aber sind wir nicht auch alle verrückt nach unserem Sport? Wer kann sich denn in seine Lage versetzen? Nur ein Bodybuilder weiß ganz genau wie schwer es ist durch irgendein Handicap nicht trainieren zu können. Dieses ungute Gefühl den Muskel nicht beanspruchen zu können. Die Angst an Kraft und Muskelvolumen zu verlieren. Nur ein wirklicher Kraftsportler kennt diesen wahr gewordenen Albtraum.

Nach der Anschlusskur stand Roland wieder mit mir in unserem Olymp und war bereit die verlorene Muskelmasse wieder aufzubauen. 78 kg zeigte die Waage an und er schaffte es auch in den nächsten Wochen wieder etwas von dem verlorenen Gewicht zurückzuerobern. Durch hartes Training kämpfte Roland sich wieder zum Bodybuilder heran. Doch das Schicksal ist grausam. Monate nach der Kur, bei einer der vielen Nachuntersuchungen war der totgeglaubte Gegner wieder da. Wir konnten es nicht glauben, aber es war wahr. Der Krebs hatte die Operation überlebt und winkte bösartig seinem Opfer zu. Wieder lag Roland in Recklinghausen im Krankenhaus und wurde für den mehrstündigen chirurgischen Eingriff vorbereitet. Mein Bruder war ein herzensguter Mensch, nett und gut zu allen und sehr beliebt. Er war aber auch hart im Nehmen und ein

Kämpfer. Er wollte den Fight aufnehmen und als Sieger aus der Schlacht herausgehen. Roland gab sich nicht geschlagen und stellte sich dem hinter tückischen Krebs entgegen. 74 kg Körpergewicht hatte Roland noch, als er nach langer Abwesenheit das Gym betrat. Auch dieses Mal nahm er sich vor, durch hartes Training die Form früherer Tage wiederzuerlangen. Doch der Kampf gegen den Krebs kostete ihm viel Kraft, zu viel, um wieder dorthin zu kommen, wo er sportlich gesehen mal war. Trotzdem blieb er dem Kraftraum nicht fern und betrieb seinen Sport weiter. Im Leben ist eins gewiss, egal wie viele Schlachten wir schlagen und gewinnen, zum Schluss verlieren wir alle immer. Im Leben des Menschen gewinnt am Ende der Tod. Nur wünscht man sich ein langes, glückliches und kein kurzes, von Schlachten gegen den Sensenmann geführtes Leben. Der nächste Kampf stand Roland wieder bevor. Der Krebs war wieder da. Die Ärzte im Recklinghäuser Krankenhaus schüttelten mit ihren Köpfen. Sie hatten nicht mehr daran geglaubt Roland erfolgreich operieren zu können. Mein Bruder wollte sich aber nicht kampflos geschlagen geben und suchte sich, um den erneuten Kampf zu führen, eine neue Arena aus. Dieses Mal sollten die Ärzte in der Essener Universitätsklinik ihm von dem Krebs befreien. Sein Zustand war nicht mehr schön. Über eine Sonde wurde er mit kohlehydratreicher Kost flüssig ernährt. Ohne Zunge und Gaumen konnte er nichts mehr essen, trinken oder reden. Noch nicht einmal schlucken konnte Roland mehr, der Speichel lief ihm aus dem Mund und musste immer abgewischt werden. Mein Freund verlor seinen Vater früh. Mit 56 Jahren holte ihn der Tod. Roland wollte immer älter als sein Erzeuger werden. Er schaffte es auch, aber nur um 2 Jahre. Mit 58 Jahren und einem Körpergewicht von 52 kg verlor er die letzte Schlacht und somit sein Leben. Nicht nur seine Frau war plötzlich alleine. Auch ich stand nun ohne Trainingspartner, Freund und Bruder da. Noch heute, sieben Jahre nach seinem Ableben vermisse ich ihn und er lebt in meinem Kopf tagtäglich weiter. Bei der Trauerfeier schaute ich bei meiner Rede von der Kanzel und sah die Kirche voll von Bekannten und Verwandten.

Zum letzten Male waren die früheren Bodybuilder noch einmal zusammengekommen, um Abschied von einem beliebten Sportkameraden und einem Familienmitglied des Olymps zu nehmen. Nicht das umgebaute Studio brachte die Familie wieder beisammen, es war der Tod meines geliebten Freundes, der die große Bodybuildingfamilie zumindest für diesen einen Tag wieder vereinte.

Ich war ausgebrannt und mein Kopf war leer.
Mein bester Freund war nicht mehr da und ich
trainierte mit der Gewissheit, dass Roland jetzt in
Walhalla die Eisen stemmt. Ich musste also in
Form bleiben, damit er mich irgendwann dort als
Trainingspartner empfängt und wir wieder
gemeinsam versuchen unsere Körper zu
perfektionieren. Trotzdem brauchte ich einige
Zeit, um meinen Akku wieder aufzuladen. Auch
ich verlor in dieser schrecklichen Phase des
Kampfes an Form und Gewicht. Der Kraftverlust
war auch da und wurde bis zum heutigen Tage
von mir nicht wiedererlangt. Jetzt bezahlte ich
für das schwere und manchmal auch falsche
Training. Die ständig hohe Belastung beim
Training auf meinen Gelenken machten sich nun
durch kommende Schmerzen bemerkbar. Heute
frage ich mich, wären einige Kilos weniger,
dafür ein paar Wiederholungen mehr vielleicht
besser und schonender für meine Gesundheit
gewesen? Es hieß immer, der Muskel muss mit
schwerem Gewicht trainiert werden. Nur so ließ
sich wirkliches Muskelwachstum erreichen.
Heute weiß ich es besser, leider zu spät. Bei

meinen jetzigen Beobachtungen sehe ich die
junge Generation genau dieselben Fehler machen
wie wir früher und genau wie wir, wissen sie
alles besser und nehmen keine gutgemeinten
Ratschläge an.

In der Phase des Kampfes meines besten
Freundes gegen den Krebs sprach mich ein
Arbeitskollege wegen des Trainings im Gym an.
Er war mit seinem Anfang zwanzig noch jung
und ausbaufähig. Hatte aber gute 20 kg zu viel an
Körpergewicht auf den Rippen. Das überflüssige
Fett sollte herunter und der Muskelaufbau
angestrebt werden. Da blieb nur eine
Möglichkeit für ihn, er musste mit mir als
Trainer im Fitnessstudio auflaufen. Wir
besprachen und arbeiteten einen Ernährungsplan
für ihn aus und er versuchte diesen einzuhalten.
Ich zeigte ihm erst die wichtigen Grundübungen
im Kraftsport und riet ihm genügend
Trainingszeit für die Ausdauer zu investieren.
Nach und nach lehrte ich ihm dann, wie er die
einzelnen Muskelgruppen am effektivsten
trainieren konnte. Als endomorpher Typ galt es
für ihn besonders die üblichen Essgewohnheiten
umzustellen. Er arbeitete an sich und die anfangs

schlechte Motivation wandelte sich Wochen später, durch den sichtbaren und Kräfte-steigernden Erfolg in eine hohe Lust an dem Sport. Er schaffte es fast 20 kg an Körperfett abzutrainieren und war stolz auf seine erbrachte Leistung. Jetzt war er von Natur aus nicht mit einem durchtrainierten mesomorphen Körper ausgestattet und kämpfte eigentlich jeden Tag mit seiner Veranlagung Fett anzusetzen, doch sein eiserner Willen und das harte Training bescherten ihm das vorher angestrebte Ziel zu erreichen. Er fühlte sich gut und gesund und das schlug auch auf seine Laune. Er übertrug sein gutes Gefühl an seine Mitmenschen und tat so noch etwas für das bessere Zusammenleben in seinem Umfeld. So hat das Fitnessstudio nicht nur seine Muskeln wachsen und das Fett um seine Hüften schmelzen lassen, nein sogar seine Mitmenschen wurden von seiner guten Laune angesteckt und unser Olymp war dafür mitverantwortlich.

New York. Was hat New York mit meinem Olymp zu tun? Eigentlich gar nichts und trotzdem habe ich wegen einer Reise nach New York eine sehr nette Frau und spätere Bekannte im City of Sports kennengelernt.

Es war der Spätsommer 2012. Meine Frau und ich planten eine Reise in die Weltmetropole New York. Wir wollten uns in der Vorweihnachtszeit den Big Apple ansehen und buchten den Flug und ein Hotel am Hudson River in der 62. Straße. Jetzt hatte ich nur ein kleines Problem. Ich hatte damals schon 17 Jahre kein Englisch mehr gesprochen und den größten Teil meiner früheren Sprachkenntnisse des amerikanischen Englisches vergessen. Aber auch hier half das Fitnessstudio mir weiter. Die Frau meines damals besten Freundes gab mir den Tipp, eine dort trainierende Amerikanerin anzusprechen. So kam es, dass ich Jackie kennenlernte. Jackie aus Tennessee stammend hatte einen deutschen Mann kennengelernt und hat ihrer Heimat den Rücken gekehrt, ihn geheiratet, drei Kinder bekommen und Englischunterricht für Kinder und Erwachsene gegeben. Jackie war sofort sehr zuvorkommend und lud mich zu der

Donnerstaggruppe in ihr Haus ein. Aus der Auffrischung meiner wenigen Sprachkenntnisse für die New York Reise wurden fünf Jahre kontinuierliche Englischstunden bei ihr. Einmal in der Woche trafen wir uns mit einigen Erwachsenen und übten mit ihr unser Englisch zu verbessern. In diesen Jahren entwickelte sich so etwas wie eine Freundschaft zwischen uns. Mittlerweile wohnt Jackie wieder in den USA. Ihre Kinder studieren dort und sie ist wieder glücklich zu Hause zu sein. Noch heute schreiben wir uns ab und zu über einen Messengerdienst und halten uns so gegenseitig auf dem Laufenden. Die Geschichte mit Jackie hat zwar nichts mit dem Bodybuilding oder sonstigen Fitnesssport zu tun, zeigt aber, dass ich ohne das City of Sports Lifestyle und Fitnesscenter diese nette Amerikanerin nicht kennengelernt und so meine Grundkenntnisse in der englischen Sprache nicht verbessern hätte können. So trainierte ich auch mein Gehirn durch unseren Olymp.

Ein paar Wochen nach Rolands verlorenen Kampf gegen den Krebs, fragte mich ein neuer Sportkamerad, ob wir nicht unser Training in Zukunft gemeinsam gestalten könnten. Bernd war aus Bochum der Liebe wegen nach Marl gezogen, hatte sich ein Jahr vorher in unserem Gym angemeldet. Bis zu seinem Umzug trainierte er schon zwei Jahrzehnte in einem Bochumer Gym. Bernd hatte die voluminösten Oberarme, die ich bisher gesehen hatte. Dazu unwahrscheinlich breite Schultern, aber auch einen leichten Bauchansatz. Unsere unterschiedlichen Arbeitszeiten ließen mich am Anfang über sein Angebot zweifeln. Doch nach seiner Aussage, er richtet sich mit dem Training nach mir, hatte ich wieder einen neuen Trainingspartner. Wir konnten fünf- oder sechsmal im Monat zusammen die Gewichte stemmen und hatten beide Spaß am gemeinsamen Training. Bernd und ich waren im etwa gleichen Alter und beide verrückt nach dem Sport im Gym. Seine Charaktereigenschaften kamen dem meines verstorbenen Freundes gleich. Bernd war ein netter Typ und pünktlicher Trainingspartner. Wir zogen unser Training die nächsten Jahre gemeinsam durch und freundeten uns an. Bis ich dann plötzlich die Rechnung für das jahrelange schwere Gewichtheben bekam. Meine Ellbogen schmerzten so sehr, dass ich keine fünf Kilohantel mehr bewegen konnte. Ich trainierte keine freien Übungen mehr und benutzte die angebotenen Maschinen, um weiter in Form zu bleiben. Die Kraft ließ von Monat zu Monat nach und der Schmerz wurde nicht weniger. Mein Orthopäde versuchte mir mit einigen erfolglosen Behandlungen zu helfen, doch der Schmerz in meinen Ellbogen setzte sich fest. Nach einer für mich langen Trainingspause stieg ich wieder ins Training ein und die beiden Ellbogen meldeten sich wieder. Mit der Ermahnung meines Orthopäden, der Schmerz würde wiederkommen, ließ ich mich spritzen. Am nächsten Tag konnte ich wieder schmerzfrei das Training im Gym aufnehmen. In selbstzerstörerischer Weise bewegte ich wieder die schweren Gewichte. Der falsche Ehrgeiz und die Angst vor Muskelmassenschwund trieben mich an. Ich wollte die verlorene Masse wieder aufholen und übertrieb es unwissentlich mit dem Training.

Meine Frau und ich lagen schon eine Woche von den zwei gebuchten Wochen an dem karibischen Strand in der Dominikanischen Republik. Wir genossen den weißen Sand des Strandes, die bis zum türkisfarbenen Meer reichenden Palmen, dass gute Essen und vor allem das schöne Wetter, als mich ohne Grund der Schmerz in den Ellbogen wieder ärgerte. Ich hatte das Gefühl, der Schmerz hätte auch in einem Gym trainiert, denn er kam stärker als je zuvor zurück. Mit Tränen in den Augen musste ich mir meine Trainingsfehler und den falschen Ehrgeiz eingestehen. Es ging nichts mehr und ich war am Ende. In meiner Verzweiflung ließ ich mir von meinem Physiotherapeuten einige Dehnübungen zeigen und dehnte meine Ellbogengelenke nach seiner Vorgabe. Ich dehnte bei der Arbeit sowie im privaten Bereich zu jeder Gelegenheit. Beim Training an den Maschinen die ich noch einigermaßen schmerzfrei benutzen konnte, zwischen den Sätzen. Drei Monate vergingen und ich dehnte bis dahin erfolglos. Der Schmerz ließ sich nicht vertreiben und lachte mich weiterhin aus. Ich gab aber nicht auf. Was konnte ich noch verlieren, außer noch mehr Muskelmasse? Obwohl, von Masse war zu diesem Zeitpunkt schon nicht mehr die Rede. Auch hier hielt ich durch und nach einem halben Jahr stellte sich eine Verbesserung ein. Der Schmerz baute genauso ab, wie ich an Kraft und Muskelvolumen verlor. Ein Jahr nach Beginn des Dehnens hatte ich den Schmerz besiegt. Kein Arzt, keine Spritzen oder sonstige Anwendungen haben mir damals geholfen. Aber das kostenlose Dehnen hat den Schmerz besiegt. Ungefähr zwei Jahre dauerte der Kampf von mir gegen die schmerzenden Ellbogen und ich verlor dabei an Kraft und gutem Aussehen. Das Gerätetraining hielt den körperlichen Abbau zwar entgegen, doch aufhalten konnten die Maschinen im Gym ihn nicht. Die besten Übungen, um Kraft aufzubauen oder zu behalten, sind eben das Bankdrücken, die Klimmzüge, die Kniebeugen und das Kreuzheben. Keine dieser Übungen kann ich mehr machen und so erlangte ich nie mehr meinen vorher erreichten Trainingsstand. Jetzt aus heutiger Sicht und Erfahrung kann ich jedem

Sportkameraden nur empfehlen, hört auf euren Körper, trainiert gewissenhaft und ohne falschen Ehrgeiz. Manchmal ist weniger Gewicht mehr. Die Zukunft wird euch meinen Ratschlag beweisen. Die Rechnung habe ich nach zwanzig Jahren Training bekommen und zahle den Preis auch nach 33-jähriger Mitgliedschaft in meinem Olymp noch immer.

Ich kam ins Studio und betrat den gläsernen Eingangsbereich. Von dort schaute ich über den ganzen Ausdauerbereich und sah meinen Trainingspartner Bernd schon auf einem Ergometer sich abstrampeln. Bernd wollte dem Speck an seinem Bauch den Kampf ansagen und den Krieg mit seinem Training im Ausdauerbereich gewinnen. Nachdem ich meine Kunststoffflasche mit einem nach Grapefruit schmeckenden isotonischen Getränk an der Theke aufgefüllt hatte, ging ich den langen Gang zu den in der oberen Etage liegenden Umkleideräumen entlang und an Bernd vorbei. Eigentlich wollte ich von weitem grüßend an ihm vorbeilaufen und mich für das gemeinsame Training umziehen. Doch Bernd grinste wie ein Honigkuchenpferd und als ich stehen blieb, um ihn zu fragen, warum er so freudig strahlte, gab er mir die Antwort. Bernd hatte gerade einen Fitness- und Vital-Test hinter sich gebracht und sein metabolisches Alter wurde von dem Computerprogramm auf 42 Jahren errechnet. Der Ausdruck bewies seine Aussage, dass er acht Jahre jünger eingeschätzt wurde als er war. Jetzt lag es an mir den von ihm eröffneten Wettkampf weiterzuführen. Ich sprach natürlich einen Coach aus dem Trainerteam an und handelte einen Termin für meinen Fitness- und Vital-Test aus. Ein paar Tage später hielt ich ihm meinen Computerausdruck vor die Nase. Auf dem Stück Papier stand es schwarz auf weiß. Mein metabolisches Alter wurde dort mit 32 Jahren festgelegt. 15 Jahre jünger als ich eigentlich zu diesem Zeitpunkt war. Dieses Mal grinste ich und gewann auch noch den Wettkampf gegen meinen Trainingspartner. Aber es ging ja auch nicht darum wer jünger eingestuft wurde, sondern der Test zeigt eindeutig, dass Menschen die in einem Fitnessstudio trainieren ein jüngeres metabolisches Alter haben als ihre wirklichen Jahre, die sie auf dem Buckel haben.

Übrigens, Bernd nahm es wie immer sportlich und lächelte mit seiner Art die Niederlage weg. Dafür drückte er beim nächsten Training auf der Flachbank 20 kg mehr als ich und verwies mich wieder in meinen Schranken. Die Wettkämpfe mit dem Trainingspartner sind wichtig und treiben die beiden Sportler zu Höchstleistungen und persönlichen Rekorden. So pushen sich die beiden Trainingspartner gegenseitig hoch und provozieren so das Muskelwachstum.

Meine Frau meinte immer, es würde in dem oberen Kraftraum, in dem die schweren Jungs die Gewichte stemmten, riechen wie in einer Pumahöhle. Aber genau so muss es auch sein, wenn die Schwerathleten die Eisen stemmen und ihre Muskeln aufpumpen. Die Anstrengungen, die dort verrichtet wurden, waren enorm und die Körper verbrachten bei jedem Satz, bei jeder Wiederholung Höchstleistungen. Dabei gehört der Schweiß des Bodybuilders nun mal dazu. Die Haut glänzte und die Muskeln zeigten sich in den Spiegeln an den Wänden von ihrer schönsten Seite. Wir Männer spürten die interessierten Blicke des anderen Geschlechts und fühlten uns wohl in unserem Olymp. Der Schweiß wurde mit dem Handtuch abgetupft und der nächste Satz stand an. Es gab für uns damals nichts schöneres, als den Pump in den Muskeln zu fühlen und vor allem zu sehen. Es kam einem manchmal wie ein sexueller Orgasmus vor. Das Studio machte uns stolz. Stolz durch jahrelange harte Arbeit den Erfolg am eigenen Leibe zu sehen.

An der Theke des City of Sports, traf man sich dann nach dem Duschen, trank oder aß noch eine Kleinigkeit und unterhielt sich mit den anderen Sportkameraden. Es fehlten eigentlich nur noch die Betten und wir hätten dort übernachtet.

Leider ist es bei dem Bodybuildingsport so, dass der Trainierende immer an seine Belastungsgrenze trainiert und mit den Jahrzehnten des Älterwerdens, der Körper nicht mehr die Leistung erbringen kann, wie in seinen jungen Jahren. Dabei verändert sich auch das Aussehen gewaltig. Jetzt mit über 50 kann ich meine Muskeln nicht mehr so aufpumpen wie früher. Auch das ganze Muskelvolumen ist nicht mehr so, wie es mal war. Trotzdem hat mich mein Olymp noch fest im Besitz und motiviert mich weiter. Denn obwohl wir von früher alle nicht mehr aussehen wie wirkliche Bodybuilder, hält dieser Sport uns weiter fit und vor allem körperlich gesund. Der Antrieb uns von den Nichtsportlern zu unterscheiden, lässt uns weiter die Eisen so lange in die Höhe stemmen, bis uns das Tor nach Walhalla geöffnet wird.

In unserem Olymp fand langsam und unbemerkt
ein Generationswechsel statt. Es sind nicht mehr
viele Mitglieder früherer Zeiten dort. Die
wirklichen Bodybuilder kann man an einer Hand
abzählen. Jetzt kam ein neues Problem auf das
Fitnessstudio zu. Die Mitgliederzahlen stiegen
nicht mehr. Im Gegenteil, sie nahmen ab und zu
allem Überfluss, endete die eigentliche
Monopolstellung unseres Olymps. Das ein
weiteres Fitnessstudio in einem anderen Stadtteil
von Marl eröffnete, beeinflusste die Anzahl der
trainierenden Sportler in unserem Gym nicht. Zu
klein und keine wirklich ernsthafte Konkurrenz
war das Studio dort. Aber das eine Fitnesskette
direkt nebenan ihr neues Studio eröffnen würde,
war nicht zu verachten. Viele Mitglieder
wechselten ins neue Fitnessstudio auf der
anderen Straßenseite. Das Angebot der neuen
Konkurrenz hörte sich nicht schlecht an. Einen
eigenen Kraftraum für die Schwerathleten und
einen Geräte- und Ausdauerbereich, dazu noch
eine Sauna. Sportlerherz was verlangst du mehr?
Trotz der anscheinend sehr guten Aussichten der
Konkurrenz gegenüber, kam für mich ein

Wechsel nie in Frage. Warum auch? Ich fühlte mich wohl und hatte alles, was ich brauchte in meinem Olymp. Ich sah aber zu, wie einige Bekannte uns verließen und nach drüben wechselten.

Konkurrenz belebt aber auch das Geschäft und in Windeseile zauberte unser Studiobesitzer einen Sportsaunabereich aus dem Nichts. Das war aber erst der Anfang. Die Handwerker rollten an und plötzlich wurde gehämmert, gebohrt und gesägt. Der Lärm beim Training war zu dieser Zeit manchmal unerträglich. Auch aufgrund des Platzmangels während der Anbauphase mussten wir mit weniger Übungen vorliebnehmen. Des Öfteren mussten wir unsere Trainingsgeräte suchen, die je nach Fortschritt umgestellt werden mussten. So kam es, dass am Morgen ein Bereich leer dastand, der tags davor noch mit Übungsmaschinen ausgestattet war. Doch wie alle bisherigen Renovierungen fand auch diese nach einem halben Jahr ein Ende. Das Olymp erwachte aus seinem Renovierungsschlaf. Glänzend präsentierte das Gym sich dem staunenden Publikum. Die obere Etage wurde für die Schwerathleten erweitert. Das Gym suchte wieder Sportler, die im Kraftbereich trainieren wollten und es lockte die Bodybuilder mit neuen Geräten und neuen freien Übungen an. Auch die freien Hanteln wurden aufgerüstet und das Studio war wieder das, was es eigentlich immer war. Das modernste und beste Gym im Vest. Einige der vorher gewechselten Kameraden erkannten dies und trainieren nun wieder in unserem Olymp. Auch ein alter Bekannter heuerte als Trainer zu dieser Zeit wieder bei uns im Gym an. Frank stellte sich mit Glanz in den Augen bei den neuen und auch bei den alten Bekannten im Studio vor. Alle Mitglieder waren froh, ihn als Trainer wieder hier zu haben. Er war einer von uns und gehörte einfach in unserem Olymp, wie Zeus auf seinem Sitz des Stefani-Gipfels. Das Studio begrüßte seine neuen und alten Mitglieder zum gesundheitsbewussten und/oder athletischen Krafttraining. Es wurden 6 Wochen Challenges durch persönliche Coaches mit Ernährungsberatung angeboten. Dazu wurde vorher eine Erfolgsgarantie auf Fettreduzierung ausgesprochen. Die Challenges fanden großen Zulauf bei den Mitgliedern und waren immer ausgebucht. Mittlerweile, nach der siebenmonatigen Coronapause wurden die Challenges durch eine Erweiterung abgelöst. Das Functionell-Training unter Anleitung eines der Trainer aus dem Coaching-Team löst das Challengetraining nun ab. Das Functionell-Training ist eine Weiterentwicklung der gecoachten Challenges und ist bei den Mitgliedern genauso beliebt wie sein Vorgängertraining. Auch dieses Trainingskonzept findet einen großen Anlauf bei den sportbegeisterten Mitgliedern des City of Sports. Auch ein neuer 200 m² großer Functionell-Bereich sprach plötzlich eine vorher unbeachtete Nische des Kraftsports an. Das Studio ging mit der Zeit und fand wieder Zulauf unter der sportbegeisterten Bevölkerung.

Nachdem der neue Parkplatz im Jahr 2018 mit ca. 100 zusätzlichen Stellplätzen fertiggestellt wurde und die Investition sich gelohnt hatte, werden nun bei schönem Wetter auch Outdoor-Kurse mit bis zu 100 Teilnehmern angeboten. Im Jahr 2019 begannen dann die Umbau- und Erweiterungsmaßnahmen des Fitness & Lifestyle Zentrum an der Bergstr.219 - 221 in Marl.

Nach langer Planungszeit und einer weiteren sechsstelligen Investitionssumme, ist das wohl modernste und angesagteste Fitness & Lifestyle Zentrum im Ruhrgebiet und Münsterland entstanden, welches seinesgleichen sucht. Der Eigentümer des Fitnesstempels mit Namen City of Sports Rolf Kehren, Frank Siebdrath und sein Trainerteam setzen dabei wesentlich im Gegensatz zu den anderen Fitnessketten auf Inhalt und Qualität. Das können auch die über 200 Teilnehmer des „Wir machen Figur" Konzepts mit ihren tollen Erfolgen bestätigen. Das City of Sports unterscheidet sich genau in diesen Bereichen von den Niedrigpreis oder Low-Budget-Studios die wie Pilze aus den feuchten Waldboden sprießten.

Immer wieder, versuchte das Führungsteam um Rolf Kehren neue Wege zu gehen und war so all die Jahre zum Konzept Vorreiter der Fitnessbranche im Westen der Republik geworden.

Von der Muckibude auf der Bachstraße in Marl Hüls wuchs das Olymp über das damals benannte Beauty Body zu dem heutigen City of Sports Fitness und Lifestyle Zentrum auf der

Bergstraße 219-221 im Herzen der nördlichen Ruhrgebietsstadt Marl an.

Es war irgendwann in den 70iegern, als in Marl Rolf Kehren seine großartige Idee in die Tat umsetzte. Er eröffnete damals aus selbst hergestellten Geräten aus dem Kehren-Konzept ein Fitnessstudio. Als einer der ersten Fitnessgerätehersteller stellte Rolf Kehren sein Konzept auf der FIBO aus. Schnell wuchs in Marl eine Bodybuildinggeneration heran, die ihren Ursprung auf der Bachstraße hatte. Tonnenweise Eisen wurden in der Vergangenheit in die Lüfte gehoben und der Erfolg der Sportler motivierten auch Rolf Kehren seinen eingeschlagenen Weg weiterzugehen. So entstand das erste Bodybuildingstudio im ganzen Vestischen Kreis. Es war damals ein wirkliches Bodybuildingstudio, also ein Olymp auf dem das Fundament des heutigen Fitness und Lifestyle Studios entstand. Den dort in der Vergangenheit trainierenden Männern und Frauen hat die jetzige Fitnessgeneration alles zu verdanken. Ohne die hart an sich arbeitenden Bodybuilder hätten die Pläne von Rolf Kehren nicht umgesetzt werden können. 45 Jahre ist das jetzt her und noch immer geht der Inhaber des City of Sports seinen Visionen nach und ermöglicht so seinen Clubmitgliedern in einem Gym zu trainieren, dass keine Wünsche übrig lässt.

Zukunftsorientiert mit den modernsten Geräten und Trainingseinflüssen können sich dort Jung und Alt oder Frau und Mann ihrem Sport nachgehen.

Das Beauty Body war zu Anfangszeiten über seine Grenzen hinaus dafür bekannt, die einzige multifunktionale Fitnessanlage mit Schwimmbad, Saunalandschaft, Tauchbecken, Saunagarten und einem gemütlichen Kaminzimmer in Deutschland zu sein. Das volle Angebot, das Rolf Kehren seinen Mitgliedern zukommen ließ, rundete der gastronomische Bereich ab.

Zusätzlich gab es damals acht Squash-Courts und eine Slotracingbahn auf der am Wochenende Modellautos aus ganz Deutschland ihre Rennen austrugen.

Der Name Kehren stand und steht für höchste Qualität und bietet dem Fitness-orientierten Sportler alles was sein Herz begehrt.

Diese Qualität und das Gefühl einer großen Gemeinschaft zugehörig zu sein, ließ bei mir seit über 30 Jahren nie den Gedanken aufkommen, dass City of Sports zu verlassen. Mein Olymp stellt mir all die Gerätschaften für mein Training zur Verfügung und kein anderes Fitnessstudio kann mir die gefühlte Familiengemeinschaft geben. Im Gegenteil viele der gewechselten Mitglieder, die in dem neu eröffneten Gym nebenan anheuerten, fanden nach Ablauf ihres Vertrages den Weg in das City of Sports Lifestyle und Fitnesscenter zurück.

Auch das ein alter Bekannter dort wieder seine Arbeit antrat hat mit Qualität zu tun. Rolf Kehren stellte seinen früheren kompetenten Cheftrainer und Fitnessexperten Frank Siebdrath wieder ein. Alle Mitglieder waren über diese Entscheidung froh, denn nun gab es wieder einen alten Bekannten aus den eigenen Reihen zu begrüßen und dessen Fachkompetenz und neuen Trainingsideen wurden sofort von den trainierenden Sportlern angenommen. Mir als ehemaligen Bodybuilder genügt es eigentlich das schwere Eisen von unten nach oben zu drücken, doch die Generation nach mir strebte nach neuen

Trainingsmethoden und diese Wünsche erfüllte das City of Sports ihnen.

Das Kehren-Konzept ist aber nicht zum Stillstand gekommen. In naher Zukunft wird das Fitness- und Lifestyle-Center wieder ein neues Gesicht bekommen. Geplant ist ein Olymp der drei Säulen. Die erste Säule wird weiterhin das Lifestyle-Zentrum sein. Hier werden weiterhin alle Trainingsarten eines Fitnesstempels angeboten. Zum Beispiel das neu erprobte Functionell-Training mit Frank Siebdrath und seinem Trainerteam findet riesigen Andrang bei den Mitgliedern. Die erste Säule wird ein Angebot des Niedrigpreissegment sein, dieses soll überwiegend die Jugendlichen und jungen Erwachsenen anziehen. Dabei handelt es sich nicht um ein Low-Budget-Training, denn auf Qualität wird im City of Sports weiterhin höchsten Wert gelegt.

Der Vitalbereich, als zweite Säule soll dabei von Mitgliedern benutzt werden, die ihre Gesundheit und Beweglichkeit erhalten oder verbessern wollen. Dabei sollen sich besonders die Mitglieder der Altersklasse 50+ angesprochen fühlen. Diese Mitglieder trainieren dann unter persönlicher Betreuung.

Die dritte Säule unseres Olymps soll eine Art Treffpunkt außerhalb des eigentlichen Trainings werden. Dort im Papica sollen sich jung und alt treffen und sich bei einem leckeren Getränk oder einer gesunden Vitalmahlzeit entspannen und unterhalten. Den Mitgliedern soll in naher Zukunft dafür ein Cafe/Restaurant zur Verfügung gestellt werden.

Leider ist ein echtes Urgestein des City of Sports aus Altersgründen nicht mehr dabei. Unser Hausmeister und Mädchen für alles. Willi musste altersbedingt den Posten aufgeben. Ohne diesen Kerl wäre uns das Training sicher öfter nicht möglich gewesen. Willi war 24 Stunden am Tag und das über Jahrzehnte für uns und unseren Olymp da. Egal wann er gebraucht wurde, er war immer der erste Ansprechpartner der Studioleitung. Es gab kein Trainingsapparat, den er nicht wieder repariert bekommen hat. Auch wenn die Heizung Nachts um drei mitten im Winter ausfiel, war es meistens Willi, der sie für uns wieder in Gang brachte. Meine Wertschätzung zu diesen netten immer hilfsbereiten Mann kann nicht hoch genug ausfallen. Deshalb hier noch einmal ein Dankeschön für deinen unermüdlichen Einsatz in unserem Olymp. Willi war einfach die gute Seele an der Stätte der Muskeln.

Aber es gibt auch andere Angestellte, die von Anbeginn der Eröffnung dabei waren und noch sind. Da ist die Moni, die schon immer da ist. Generationsübergreifend trainierten ihre Kinder natürlich auch in unserem Gym. Moni kennt wohl alle Mitglieder, die das Studio je durchlaufen haben. Auch sie haucht dem Studio das Gefühl einer großen Familie anzugehören ein.

Mit Freude und Bewunderung schaue ich nun im gereiften Alter der jüngeren Generation bei ihrem Training zu und denke oft an meine Vergangenheit in diesem Tempel der Götter. Leider ist es mir aus gesundheitlichen Gründen nicht mehr gegönnt den Bodybuilding Sport so zu betreiben, wie ich es noch möchte und jahrzehntelang praktiziert habe. Doch auch wenn mein Training nicht mehr, dass eines Bodybuilders ist, versuche ich doch weiter dem Kraft- und Gerätetraining treu zu bleiben. Ich bin ein Infizierter und werde erst mit meinem Tod dem Training und meinem Olymp den Rücken kehren.

Wenn ich heute an meine beste Zeit in dem City of Sports denke, schlägt mein Herz schneller und zaubert mir ein Lächeln ins Gesicht. Was für viele schöne und gute Erinnerungen ich dort auch außerhalb der Bodybuildingszene erfahren durfte. Das Beste, dass mir dort passiert ist, war der Moment, als ich meine Frau beim Training kennengelernt habe. Wäre das Studio nicht gewesen, nie hätte ich diese vielen wunderschönen Jahre mit ihr verbringen können. Wenn sie damals den Trainingsraum mit ihren langen schwarz gelockten Haaren betrat, verzauberte ihr Charme die ganze Trainingsfläche. Ihr Lächeln brachte nicht nur mich in eine Art Hypnose. In Schlange standen die trainierenden Männer bei ihr an und konkurrierten um ihre Gunst. Das ich dann der Glückliche war, der später um ihre Hand anhalten durfte, macht mich heute noch glücklich und froh. Schade war eigentlich nur, dass meine Frau nie im City of Sports ihre Zumba und Thai-Bo Kurse gegeben hat. Diese Trainingskurse gab

sie leider in anderen Gyms und so kamen unsere
Mitglieder nicht zu dem Vergnügen mit einer
fantastischen Trainerin trainieren zu können.
Aber auch viele meiner Freunde, wie vorher
schon beschrieben durfte ich in meiner langen
Zeit dort kennenlernen. Das City of Sports ist vor
über dreißig Jahren meine zweite Heimat
geworden und ich fühle mich in den
Trainingsräumen, wie Boris Becker auf seinem
heiligen Rasen in Wimbledon.
Doch es gab in der Neuzeit auch Rückschläge.
Im Dezember des Jahres 2019 geschah in China
etwas, dass es in der Zeit der Industrialisierung
noch nie gegeben und auf die ganze Welt
Einfluss hatte. In der Millionenmetropole Wuhan
brach ein vorher unbekannter Virus auf dem
Fischmarkt aus. COVID-19 war die Bezeichnung
der Virologen, Corona nannte die Bevölkerung
den todbringenden Virus und er legte die ganze
Welt lahm. Von China aus verbreitete sich
Corona bis in den kleinsten Winkel unseres
Planeten in rekordverdächtiger Geschwindigkeit
und führte zum Lockdown unseres bestehenden
Systems. Das öffentliche Leben wie wir es in
unserem demokratischen Land kannten, gab es

nicht mehr. Ansammlungen von Menschen
wurden sogar im engsten Familienkreis verboten.
Die Angst vor dem todbringenden Virus führte
dazu, dass viele nicht lebensnotwendige
Geschäfte und andere Gewerbe für die Zeit des
erhöhten Inzidenzwertes schließen mussten.
So auch wie alle anderen Fitnessstudios unser
Olymp. Der vorher nie erlebte Albtraum eines
Bodybuilders wurde wahr. Ihm wurde die
heiligste seiner Stätten geschlossen. Kein
Fitnessstudio durfte seine Pforten öffnen. Auch
nicht unser Olymp. Panik brach unter den
sporttreibenden süchtigen Kraftsportlern aus. Im
Internet waren Hanteln und Trainingsgeräte für
den Heimbedarf unbezahlbar geworden. Alle
waren froh, als die Regierung den Gyms unter
bestimmten Auflagen die Wiedereröffnung
erlaubte. Doch die Freude währte nur kurz. Mit
dem Ende des Sommers stiegen die
Inzidenzzahlen in astronomische Höhen und ein
zweiter härterer Lockdown führte zur
endgültigen Schließung meines Olymps. Ob und
welches Fitnessstudio diese Schließungen
überleben wird, steht noch in den Sternen.

Die Kündigungswelle der Mitglieder nahm auch im dem City of Sports während der Corona-Zeit enorm zu. Wir sprechen hier über einen Mitgliederschwund in einem vierstelligen Bereich. Wie soll ein mittelständiges Unternehmen bei weiter laufenden Kosten diesen Verlust kompensieren. Unsere Ängste würden zum Albtraum, wenn Rolf Kehren unseren Fitnesstempel schließen müsste. Doch das City of Sports ist des Gründers Baby und Babys werden gehegt und gepflegt. Sie werden gestreichelt, geküsst und lieb gehabt. So auch unser Olymp. Den finanziellen Verlust über Monate glich Rolf Kehren selbst aus und so überlebte das Vorzeigestudio den langen Lockdown.

Ich schaute in den Spiegel und konnte zusehen was bisher keine Verletzung geschafft hat. Der kleine unsichtbare Gegner mit Namen Corona erwirkte einen schnelleren Muskelabbau als mir lieb war. Das Alternativtraining zu Hause konnte dem Muskelschwund nicht wirklich aufhalten. Mein persönlicher Albtraum wurde wahr, ich durfte nicht mehr trainieren. Ein Impfstoff sollte den Virus besiegen, doch es dauerte ein Jahr, bis

die ersten Impfstoffe auf dem Markt waren.
Doch wann der normale Bürger, mich mit
eingeschlossen wegen der knappen Ressource an
der Reihe kommen wird, weiß bis heute auch
noch niemand. Ich hoffe nur, dass sich alles
wieder normalisiert, wir gesund bleiben und bald
wieder das Training in den Räumen der Götter
aufnehmen können. Als Bodybuilder kann ich
mich nicht mehr bezeichnen, auch werde ich in
meinem Alter kein Muskelaufbau mehr betreiben
können, um die Figur eines Bodybuilders
wiederzuerlangen, doch meine noch sportliche
Figur muss ich irgendwie behalten und deshalb
bete ich auf ein schnelles Ende des Lockdowns
und das Öffnen des Tores meines Olymps.
In dieser Zeit versuchte ich mich zu Hause mit
Leibesübungen fit zu halten. Von
Muskelwachstum konnte in dieser Phase aber
keine Rede mehr sein. Im Gegenteil die
Reduzierung der jahrelang antrainierten
Muskelmasse nahm seinen Lauf. Im Spiegel
nach fast einem Jahr erkannte ich mich dank
Corona nicht mehr wieder. Meine ganze harte
Arbeit von drei Jahrzehnten war dahin. In

meinem Alter wäre es vermessen gewesen, zu glauben, je noch einmal ein ähnliches Ziel erreichen zu können wie vor Corona. Aber es gab auch positives in dieser Studio-freien Zeit. Ich erkannte, dass das bisher Wichtigste in meinem Leben, nämlich mein Sport in meinem Olymp in den Hintergrund geraten war. Zwar nicht freiwillig, doch gezwungenermaßen. Natürlich warte ich heute, während ich diese Zeilen schreibe auf die Öffnung des Fitness- und Lifestyle-Sudios und kann es kaum erwarten dort wieder aktiv zu sein, aber ich habe auch erkannt, dass ich viele Dinge in meinem Leben vernachlässigt habe. Diese vernachlässigten, aber in meinem Leben wichtigen Sachen werde ich nun mehr Prioritäten geben. Das City of Sports, mein göttlicher Olymp mit seinen Geräten, Gewichten und dem vielen Eisen wird in die zweite Reihe rücken müssen. Ich werde trotzdem diesen Sport niemals ganz den Rücken kehren können, denn er hat mir sehr viel in meinem Leben gegeben. Ab sofort werde ich meine Familie, das bedeutet meiner Frau, meiner Tochter mit ihrem tollen Mann und meiner neugeborenen Enkeltochter mehr Zeit schenken.

Nicht zu vergessen meinen Akita-Rüden Samu, der mit mir nun auch mehr Zeit verbringen darf. Ich werde versuchen dreimal die Woche ins Studio zu gehen und dort meine Muskeln und vor allem meinen Körper in Form und gesund zu halten. Meine Ära und somit der Platz an Zeus Seite im Olymp der Götter ist für mich endgültig vorbei. Ich hoffe, dass mir trotzdem irgendwann einmal das Tor nach Walhalla geöffnet wird und ich dort wieder mit meinem Freund und Bruder Roland durch hartes Training in der Form eines Kriegers und Kämpfers kommen werde. Ich wünsche mir ihn dort wiederzusehen und wir dann alles nachholen können, was wir durch seinen frühen Tod nicht mehr zusammen erleben konnten. Die Plätze im Olymp werden ewig neu vergeben. Ich hatte einen kurzen Augenblick einen solchen Sitz besetzen dürfen, aber wie all meinen Vorgängern rücken neue Bodybuilder nach und übernehmen diesen Platz von ihren Vorgängern. Auch sie werden ihren Sitz im Olymp nicht auf ewig halten können. Doch eins soll hier einmal ganz klar gesagt werden. Ohne das City of Sports hätte ich nie in diesen Hallen der Besten trainieren dürfen. Das City of Sports hat aus mir, einem untergewichtigen Jungen, einen muskulösen attraktiven Mann geformt. Die Hallen der Götter und auch der gesamte Olymp war für mich mein Fitnessstudio CITY OF SPORTS.

Die letzten Zeilen schreibe ich aus dem Kurort Bad Wildungen in Hessen am Edersee. Dort genieße und betreibe ich meinen Reha-Aufenthalt. Der Edersee erinnert mich an eine Motorradtour vor einigen Jahren. Mit unserem Trainer Frank Siebdrath, dem Boss des City of Sports Rolf Kehren und einigen anderen Harley-Davidson-Bikern machten wir uns damals bei nassem Wetter auf zu einem Supportertreffen am Edersee. Ich erinnere mich an die Tour ganz genau. Wir fuhren bei kaltem Wetter im Marl vor unserem Olymp los, hinter Dortmund regnete es wie verrückt und am Edersee kamen wir dann bei Sonnenschein an. Es war damals ein schöner Bikertag. Auf dem Rückweg machten wir im Sauerland, genauer gesagt in Willingen einen

Stopp und als wir am frühen Abend weiterfahren wollten, sprang die Road-King vom Rolf nicht mehr an. Es dauerte eine ganze Weile, bis der Fehler gefunden und die defekte Lichtmaschine als Ursache entdeckt wurde. Spät in der Nacht kamen wir dann wieder zu Hause in Marl an. Aber deshalb schreibe ich jetzt eigentlich nicht über den Edersee. Im Moment überfällt die 3. Welle der COVID-19 Epidemie Deutschland und die Corona-Maßnahmen halten noch immer unser City of Sports geschlossen. Hier im Haus gibt es aber einen kleinen Gym. Kein wirkliches Olymp, aber doch einen MTT-Raum mit einigen Geräten. Nach fast einem halben Jahr ohne im Fitnessstudio trainiert zu haben lechze ich nach meinem Training. Noch am ersten Abend saß ich auf dem Sitz des Seilzuges und trainierte als Erstes den seit Monaten untrainierten Rücken. Am nächsten Tag verspürte ich einen schönen Muskelkater, genau wie am übernächsten Tag in den Brustmuskeln und am darauffolgenden Tag in den Beinen. Niemand anderes, außer meine gleichgesinnten Sportkameraden können sich vorstellen was für ein herrliches Gefühl es war den Muskelkater zu spüren. Dadurch wusste ich meine Muskeln endlich wieder trainiert zu haben. Und schon hat mich das Trainingsfieber wieder überfallen. Dieses Gefühl wird mir immer beiwohnen, egal wie lange ich durch Corona zwangsweise mit dem Training aussetzen muss, einmal wieder das Eisen in den Händen und das Glück hat mich erneut eingefangen. Ich bin froh darüber zumindest für die Zeit meines Kuraufenthaltes hier in dem kleinen Hausgym trainieren zu können.

Mittlerweile gibt es bundesweit in Deutschland fast zehn Millionen aktive Mitglieder in den mehr als 8000 Fitnessstudios. Der deutsche Fußballbund als weltweit größter Sportverband hat fast sieben Millionen Mitglieder. Die Zahlen sprechen also für sich und bestätigen meine Aussage, dass der frühere Fitnessboom zu einem eigenen Industriezweig geworden ist. Das Angebot ist nicht mehr das, was in den Siebzigern angeboten wurde. Früher gab es viel mattes Eisen das von unten nach oben gedrückt oder gezogen wurde, um das Muskelwachstum anzuregen. Damals waren nur Bodybuilder in den Fitnessstudios und gingen ihrem Sport nach. Das sieht heute ganz anders aus. Für das Krafttraining gibt es heute, wie früher, die freien Gewichte, aber auch den Zirkel mit seinen Geräten oder das Training separat an den Kraftgeräten. Die Ausdauer trainiert der Sportler im Crossbereich, auf dem Spinningrad, dem Stepper, das Laufband oder individuell an den Geräten für die Oberkörpermuskulatur. Für die Kursteilnehmer sind jeden Tag verschiedene Kurse wie Zumba, Bauch-Beine-Po, Bodystyling, Kick-Bo und viele mehr im Angebot. Nach dem Training darf dann noch der Saunabereich oder die Physiotherapie aufgesucht werden. Die wirklich guten Fitnessstudios bieten dies mittlerweile alle an. Nur gibt es davon nicht allzu viele. Das City of Sports ging seiner Zeit immer voraus und war immer das Vorzeige-Fitnessstudio im nördlichen Ruhrgebiet. Der Eigentümer und Besitzer des Fitness- und Lifestyle-Studios Rolf Kehren war seiner Konkurrenz durch seinen Visionen immer einen

Schritt im Voraus und er scheute keine Mühen, um seine Ideen durch zukunftsorientierte Konzepte umzusetzen. Die Mitglieder des City of Sports trainierten immer, zu jeder Zeit in einem der modernsten Fitnessstudios der Welt. Auch der Trainerstab, wurde im City of Sports ständig in Fortbildungsmaßnahmen geschult und konnten so den Mitgliedern in ständig neueste Trainingsmethoden einweisen.Auch das Gesundheitswesen wird in Zukunft wieder nach den Wünschen des Betreibers Rolf Kehren mit einbezogen werden. In Zusammenarbeit mit deren medizinischen Abteilungen wird es wohl demnächst Angebote im Bereich Relaxing und Stressabbau im Vital-Bereich geben. Stress ist der Krankmacher Nr.1 in den Industrieländern und führt oft zu starken Depressionen. Entspannung ist das Zauberwort mit dem das City of Sports wieder einmal neue Wege einschlagen wird.

Trotz aller neuen Trainingseinheiten und immer wieder neu entwickelten Trainingsgeräten, Visionen hin oder Zukunft her, eines blieb von der Antike bis zur Neuzeit bestehen. Auf unseren Planeten gibt es die Erdanziehungskraft und um den Muskel wachsen zu lassen, muss das Gewicht entgegen der Erdanziehungskraft von unten nach oben bewegt werden. Das wird zum Glück auch immer so bleiben. Es ist schön an modernen futuristischen Trainingsgeräten seine Muskeln zu fordern, aber es darf auch weiterhin die Hantel oder wie der Bodybuilder sagt, ein Stück Eisen nach oben bewegt werden. Wenn nach dem Training die Hände verschwitzt den Geruch des Eisens angenommen haben und der Muskel erschöpft, aber aufgepumpt nach seiner Regenerationsphase ruft, die Endorphine durch die Zellen jagen, dann ist der Trainingshunger für den Old-School-Kraftsportler für diesen Tag befriedigt.

Nachwort

Ich bedanke mich bei unserem Trainer Frank Siebdrath für die Inspiration ein paar Worte über unser Fitnessstudio zu schreiben. Er war es, der mir den Antrieb und die Idee eingehaucht hat, diese Lektüre herauszubringen. Leider sind es nicht so viele Seiten geworden, wie ich mir am Anfang ausgedacht hatte. Auch konnte ich aus rechtlichen und persönlichen Gründen nicht alle Erlebnisse hier veröffentlichen. Das Geschriebene aus meiner Sicht zeigt wie das Studio Träume wahr werden lassen kann. Aber das Training kann auch zur Besessenheit und sogar zur Sucht werden. Das Studio war mein Leben. Ich fühlte mich nur wohl, wenn ich dort trainieren konnte. Mein Olymp gab mir den hart antrainierten Erfolg. Bis zu einem Punkt in meinem Leben kannte ich Misserfolg oder Rückschläge nicht, doch auch diese klopften irgendwann an und mussten überwunden werden. Der größte Rückschlag war der verlorene Kampf meines Freundes Roland gegen den Krebs. Er gehörte zum Olymp wie Zeus der Göttervater war. Jede Trainingseinheit nach seinem Tod ohne ihm ließen mich innerlich weinen. Sein Geist schwirrt für mich immer noch in den Räumen des Fitnessstudios umher. Vielleicht versteht der Leser jetzt am Ende meiner Zeilen, was ich mit meinte, als ich von einer Seele des Olymps sprach. Deshalb widme ich dieses Buch meinen verstorbenen Freund und Bruder R. Möge er mir meine Fehler verzeihen und in Walhalla, den Räumen der Götter und Krieger auf mich warten. Aber auch meiner Frau muss ich hier einmal danken. Sie verzichtete auf gemeinsame Freizeit mit mir, damit ich mal wieder genügend meiner kostbaren Zeit in einem neuen Buch investieren konnte. Aber auch das Leben der Partnerin mit einem Bodybuilder ist mit Verzicht, Einsicht und Unterstützung verbunden. Das viele Training kostet enorm an Freizeit. Dazu die riesigen Berge an Mahlzeiten, die täglich verputzt werden. Ohne eine verständnisvolle Frau an meiner Seite wäre der Sport nicht so erfolgreich zu stemmen gewesen. Dafür möchte ich hier einmal sagen, danke für all die Mühen, die du auf dich genommen hast.

Die Liebe zu diesem Sport ist bei mir ungebrochen und hat bis heute standgehalten. Nichts, auch nicht die Lockdowns durch den COVID-19 Virus konnten mich aufhalten weiter die Gewichte zu bewegen. Wenn nicht in meinem Olymp, dann eben zu Hause. So ist es bei allen Sportlern die Bodybuilding betreiben. Keiner ließ sich durch Corona aufhalten und alle trainierten während der Zwangspause zu Hause oder anderswo. Wir sind nun mal Trainings-besessen und der schlimmste Fall wäre für uns alle, es gebe keinen Olymp mehr. Ich hoffe noch lange in meinem City of Sports das Training trotz der herben Rückschläge abwickeln zu können und mein jetziger Krankheitszustand sich nicht schnell ausbreitet und mir irgendwann das Training mit dem Eisen nicht mehr gelingen wird. Trotzdem Frage ich mich oft selbst genug, wie konnte es so weit kommen, dass ich mein ganzes Leben dieser Besessenheit widmen konnte? Es gab Phasen in meinem Leben, in denen ich alles andere dem Training untergeordnet habe. Die Sucht die eigenen

Muskeln wachsen lassen zu wollen ist wohl vergleichbar mit einem Drogenabhängigen. Dieser braucht seinen Kick genauso wie ich ihn früher beim Training bekommen habe. Der Gedanke die Muskeln aufzupumpen und an Masse zulegen zu können, motivierte mich tagtäglich mein Olymp zu besuchen. In meinen jungen Jahren habe ich nie daran gedacht, dass es mal eine Zeit bei mir geben wird, da der Muskel trotz Training kleiner wird. Leider konnte auch ich meine Form der guten Jahre nicht halten und durch mein Schicksal hat sich meine Muskelmasse um gute 10 Kilogramm reduziert. Bei einem Leichtgewicht wie mir, sind 20 Pfund Fleisch die Menge, die mich nicht mehr als wirklichen Bodybuilder zählen lassen. Auch der Kraftverlust ließ sich in den letzten Jahren nicht aufhalten und von Stärke kann keine Rede mehr sein. Aber ich will jetzt mit 54 Jahren nicht jammern, denn ich habe in jungen Jahren den Olymp bestiegen und erleben dürfen wie es ist, seine persönlichen, manchmal auch utopischen Ziele zu erreichen.

Ich wünsche mir, der Leser hatte beim Lesen meiner Seiten Spaß gehabt. Viele meiner Erlebnisse sind sicher auch in anderen Fitnessstudios in ähnlicher Weise geschehen und werden jetzt erinnernd belächelt. Ich grüße hiermit noch einmal alle Bekannten und Freunde, die ich hier mit einfließen lassen durfte. Ich bedanke mich auch für die tolle Zeit, die ich bisher in meinem Olymp mit euch erleben durfte. Das ich sogar einen Bodybuilder kennenlernen und mit ihm trainieren durfte, der den wirklichen Bodybuilding-Olymp bestiegen hat, macht mich ein wenig stolz. Dennis Wolf hat es aus unserer Schmiede bis zum Arnold Classic Sieger und mehreren Mr. Olympia-Teilnahmen auf den Götterthron geschafft. Dazu freue ich mich auch über die immer noch bestehende Freundschaft zu meinem früheren Trainingspartner Jürgen. Noch heute sind wir echte Freunde und das nur durch unseren Sport. Zum Schluss noch einen speziellen Dank an die Person, die eigentlich alles erst möglich gemacht hat. Rolf Kehren, Gründer unserer Eisenschmiede, hat durch seine Ideen und seinen Einsatz bis zum heutigen Tag uns Bodybuilder immer die Möglichkeit gegeben

196

in einem Fitnessstudio der ersten Klasse
trainieren zu können.

Kein Bodybuilder, dafür
Parkinson

Als Kind und Jugendlicher wollte ich immer wollte ich
immer Fußballer werden. Ich träumte davon in den großen
Stadien aufzulaufen. Als junger Mann zog es mich dann
vom Fußball weg ins Fitnessstudio und dort träumte ich
den Traum meinen Körper den eines Bodybuilders
gleichzustellen. Erreicht habe ich keines von beiden,
bekommen habe ich Parkinson. In meinem hier
beschriebenen Lebenslauf möchte ich meine sportlichen
und krankheitsbedingten Erinnerungen wiedergeben. Es
geht mir darum, mich später mit diesen Zeilen an diese
Episode meines Lebens erinnern zu können. Vielleicht liest
der eine oder andere Leidensgenosse und Leidensgenossin
meine Sätze und findet sich in ähnlicher Weise wieder.

Erzählt wird die Geschichte eines Jungen, der in den Siebzigern des zwanzigsten Jahrhunderts in einer Bergbausiedlung groß geworden ist. Viele kleine und große Erlebnisse begleiten den Leser und geben ihm Einsichten in das Leben der Menschen des nördlichen Ruhrgebietes. Das Geschriebene wurde in der üblichen Sprache des Reviers erfasst und unterstreicht damit das gewisse Gefühl sich in die Region hineindenken zu können. Viele kleine Kurzgeschichten aus dem Pott werden in diesem Buch beschrieben und führen den Leser in die Welt der Kohle zurück.

In einer geheimen Konferenz beschließen einige der mächtigsten Männer und Frauen der Welt wie das weltweite Bevölkerungswachstum gestoppt werden muss. Um die Macht der westlichen Industrienationen weiterhin zu sichern und die Umweltzerstörung in den Griff zu bekommen, beschlossen die Anwesenden einen für die meisten Menschen tödlichen Komplott. In den Labors der führenden Pharmaunternehmen sollen Virologen einen Virus und gleichzeitig ein Gegenmittel herstellen, dass dann heimlich auf die Weltbevölkerung losgelassen werden soll. Nur eine ausgewählte Anzahl von Menschen sollte das Gegenmittel verabreicht bekommen und so die weltweite Bevölkerungszahl wieder in eine Richtung reduziert werden, dass ein wirkliches Leben der Nachhaltigkeit garantiert. Doch eine Handyaufnahme könnte die

Öffentlichkeit warnen und das Vorhaben zum Scheitern bringen.

Die Geschichte handelt über eine verlorene Liebe zwischen dem jungen Rachelle und seiner Anvertrauten Ireen. Beschrieben wird der Weg der beiden von ihrer Jugendzeit bis ins hohe Alter. Der Roman führt uns mit Rachelle und Ireen durch eine nicht existierende Fantasiewelt voller Abenteuer, Brutalität und erotischer Episoden. Die Welt in dieser Zeit sollte eine bessere werden, wurde jedoch durch Kriege und das Recht des Stärkeren geprägt. Mord, Totschlag, Raub und Vergewaltigungen waren an der Tagesordnung. Unser Liebespaar flüchtete vor ihren Peinigern und erlebte während ihrer Reise über den Kontinent viel Gutes und noch mehr schlechtes. Das Ziel: Ein vergessenes Elfenreich.